Jardins partagés

Utopie, écologie, conseils pratiques

Conception graphique et réalisation : **manipages**
Couverture : **manipages**
Photographies : **Pierre-Emmanuel Weck**, sauf :
page 10 : **dessin Dominique Klecka** - page 17 (haut) : **Green Guerillas** – pages 16, 17 (bas), 25, 42, 63, 90, 117 : **Laurence Baudelet** – page 18 : **Carol Burke** – page 23 : **Fédération nationale des jardins familiaux et collectifs** – page 30 : **Magali Roucaut** – pages 33, 47, 74, 125, 136, 138 : **Serge Rivret** – pages 41, 91, 93, 108, 110, 129, 132, 133, 140, 141 : **Alice Le Roy** – page 43 : **Antoine Quenardel** – page 45 : **association Pavé** – page 62 (gauche) : **Antoine Bosse-Platière** – page 65 : **Emmanuelle Bouffé** – page 66 : **Ludmila Kononenko - Fotolia.com** – page 69 : **Chushkin - Fotolia.com** – page 73 : **Edsweb - Fotolia.com** – page 79 : **Dominique Dupouy** – page 88 : **Romain Ledez** – page 95 : **Julien Nadreau/association Accueil et rencontre** – pages 100, 101 : **dessins Nastia Yombo - Le passe-jardins** – page 105 : **Ludivine Loiseau** – page 106 : **Atelier d'Architecture Autogérée** – page 114 : **capture d'écran du portail Rhône-Alpes du JTSE** - page 119 : **Le Vert Luizet** – page 120 : **Gilles Clément** – page 127 : **Robert Shinner** – page 139 : **Neil Labrador/Ville de Lausanne** – page 143 : **Collectif Rebar** – page 144 : **Rahel Hegnauer** – page 145 (haut) : **Jardins d'utopie** – page 145 (bas) : **Atelier Le Balto** – page 146 (haut) : **Dominique Truco** – page 146 (bas) : **Liliana Motta** – page 147 : **Carole Desheulles** – page 148 : **François Vadepied/Xavier Coquelet/Mathieu Gontier** – page 149 : **Olivier Darné** – page 150 : **Pierre Bernard**

Impression : **Loire Offset Titoulet**
Isbn : 978-2-914717-42-7

Depuis 1979, **Terre vivante** vous fait partager ses expériences en matière d'écologie pratique au quotidien : jardinage biologique, alimentation saine, bien-être, santé, habitat écologique…

À travers :
- l'édition de livres pratiques,
- le magazine *Les 4 Saisons du jardin bio*,
- un centre écologique de démonstrations et d'expérimentations ouvert au public en Isère.

Le catalogue des ouvrages publiés par **Terre vivante** est disponible sur simple demande et sur internet.

Terre vivante, domaine de Raud, 38710 Mens.
Tél. : 04 76 34 80 80. Fax : 04 76 34 84 02.
Email : info@terrevivante.org
www.terrevivante.org, le portail de l'écologie pratique.

Laurence Baudelet – Frédérique Basset – Alice Le Roy

Jardins partagés

Utopie, écologie, conseils pratiques

terre vivante

le jardin
enchanté
à la mode
de chez nous
A.J.R.

Merci à tous ceux qui nous ont ouvert
la porte de leur jardin

Préface Gilles Clément

Il y a sans doute bien des façons d'envisager le partage. En voici deux appropriées à la question du jardin :

– Jardiner ensemble à partir d'un seul projet de mise en œuvre couvrant la surface du terrain à disposition.

– Diviser la surface en autant de parcelles qu'il y a de jardiniers, chacun y développant le projet de son choix.

Dans un cas, les jardiniers partagent la création et l'entretien d'un seul paysage. Ils poursuivent leur tâche à la manière des compagnons occupés à la réalisation d'une œuvre sans signature.

Dans l'autre cas, chaque parcelle correspond à un projet différent, reflet d'une diversité de savoirs, de pratiques et de hasards. Chaque jardinier invente son paysage, règle son temps et son esthétique selon ses propres aspirations.

Ce dispositif – la juxtaposition des individus qui œuvrent ensemble – est le propre des jardins partagés. Dans un espace collectif soumis à un cahier des charges valable pour tous les participants, favoriser l'émergence d'une création individuelle, chacune épaulant ou confortant toutes les autres : tel est le rôle stimulant du foisonnement des initiatives sous le regard du groupe.

Au début, cela ressemble à un exercice d'école. Une école pour tous les âges et tous les horizons, où la nature et ses productions servent de guide à tous les enseignements ; école universelle que la société dans ses errements néglige officiellement, mais que les jardins partagés positionnent désormais au rang d'utilité publique. Une école parallèle, en somme, offrant à ceux qui le souhaitent l'expérience d'accompagner la nature si mal connue dans un permanent scénario d'invention : la graine, les cotylédons – mais de quoi s'agit-il ? –, la pousse rapide, l'enchevêtrement, les tuteurs, le pincement – faut-il vraiment pincer ? –, l'apparition des insectes – faut-il vraiment traiter ? –, la récolte des fruits – oui, la tomate est un fruit –, la confection d'une soupe à partir d'une courge devenue énorme, comme destinée, depuis toujours, au partage – comment cuisine-t-on le potimarron ?

Une page blanche donc ; chacun possède la même surface, le même sujet : faire pousser des végétaux, les soigner pour en obtenir le meilleur – des fruits, des fleurs, des feuilles, des arrangements. Chacun en tire un paysage différent, différentes réussites, quelques échecs partagés, bien sûr. Comment se porter juge d'une telle offre ? Et pour quelle raison viendrait-on à choisir ? Quelque chose de supérieur, venant de la rencontre du jardinier avec la nature, ne cesse d'interroger celui qui, par excès de certitude, produirait un modèle en le croyant durable. La nature déjoue les projets, elle ne cesse d'interpréter les conditions changeantes de l'environnement pour s'organiser selon une figure éphémère et chaque fois nouvelle.

Le jardin partagé, c'est le partage de l'étonnement, pédagogie heureuse.

Sur ce jeu du hasard, nulle compétition. À quoi servirait de briller dans la solitude à un moment donné – qu'est-ce que le moment donné ? – alors que tout se joue sur le décalage des espèces et des saisons ? Telle fleur dans une parcelle à tel moment, tel fruit dans une autre à tel autre moment. La somme des résultats dispersés dans le temps constitue un tout qui fait sens aux yeux de la société : elle se trouve représentée dans l'égalité des chances et des malchances. La durée fait le jardin, elle unit les jardiniers sur ce seul terrain : le temps.

Le jardin partagé est un calendrier des rencontres et des fêtes : territoire de convivialité où se retrouvent, pour le meilleur, des habitants que cette seule occasion permet de rassembler.

En multipliant le nombre et les surfaces de jardins dédiés à cette expérience unique, les villes établissent un nouveau mode de citoyenneté où le rapport à l'autre, débarrassé des hiérarchies, des calculs de bienséance et des luttes de pouvoir, s'ouvre sur un dialogue de nécessité face aux cloisonnements et aux exclusions. Les jardins ouvriers, devenus "familiaux" ont ouvert des pistes en résonance avec les programmes sociaux, vivriers et hygiénistes du siècle passé. À l'heure où plus de la moitié des habitants de la planète résident désormais dans la ville – le début du XXIe siècle est le tournant historique de cette évolution –, à l'heure où se creusent chaque jour plus profondément les dangereux écarts de richesse et les inégalités sociales, le partage apparaît comme le geste le plus simple, le plus évident et le plus heureux pour accompagner la société dans son parcours incertain. Quelque chose d'infiniment rassurant, difficile à cerner, venu des mécanismes à l'œuvre, trop nombreux pour être nommés et toujours différents, fait du jardin, par excellence, un territoire mental d'espérance. Il s'agit donc ici de partager l'espoir.

Tijuana,
le 17 novembre 2007

Sommaire

Cultiver 54

Récolter 102

Toutes les notes mentionnées dans cet ouvrage sont rassemblées en page 151

Liste des jardins cités dans l'ouvrage

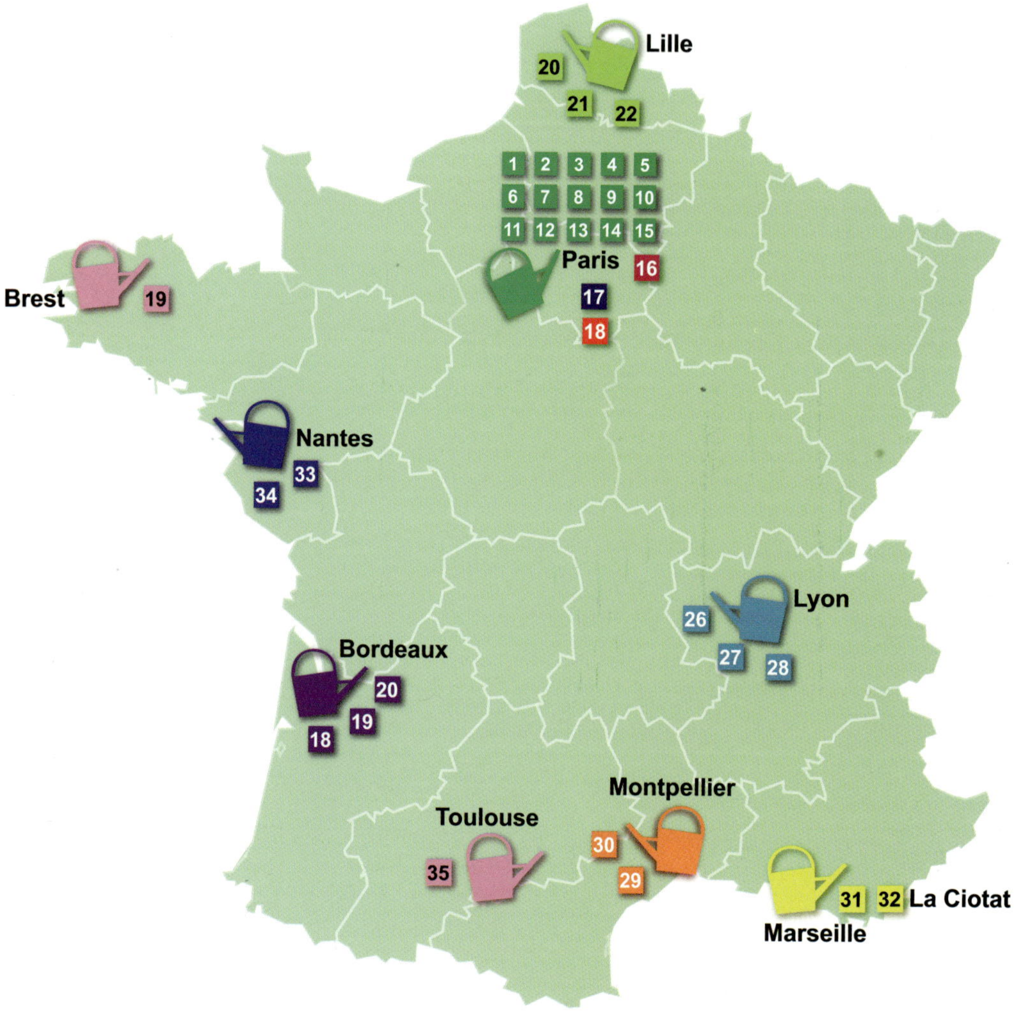

À Paris

1. **Le Jardin de l'Aqueduc**, 2 rue de l'Empereur Julien, Paris 14e. Jardin partagé en centre urbain, 800 m² (http://14eme.free.fr/).
2. **Jardin Eco Box**, en attente de relogement dans le quartier La Chapelle, Paris 18e. Jardin partagé, 270 m².
3. **Le Jardin Nomade**, 48 rue Trousseau, Paris 11e. Jardin partagé en centre urbain, 270 m² (www.qsb11.org).
4. **Le Poireau Agile**, dans le jardin public Villemin, rue des Récollets, Paris 10e. Jardin partagé en centre urbain, 200 m² (http://elarger.club.fr/Villemin).
5. **L'Îlot Lilas**, 295 rue de Belleville, Paris 19e. Jardin partagé en centre urbain, 180 m².
6. **Les Haies Partagées**, dans le square Casque d'Or, rue des Haies, Paris 20e. Jardin partagé en centre urbain, 1 100 m².
7. **Les jardins du Béton Saint-Blaise**, Centre Chenal Saint-Blaise, 14-16 rue du Clos, Paris 20e. Jardin d'insertion installé sur les terrasses d'un immeuble, 150 m².
8. **Jardin Leroy Sème**, Cité Leroy, Paris 20e. Jardin partagé en centre urbain, 520 m² (http://asso.invenietis.fr/Skins/Leroy/Web.Leroy.Public.cuke).
9. **Jardin Solidaire**, rue des Haies, Paris 20e. Jardin partagé en centre urbain, (fermé à l'automne 2005 pour laisser la place à un gymnase et des logements sociaux), 2 500 m². (www.jardinsolidaire.org).
10. **Jardins Passagers** de la Villette, parc de la Villette, près de la Grande Halle, Paris 19e. Jardin partagé en centre urbain, 2 000 m² (www.villette.com/fr/la_villette/jardins_passagers.html).
11. **Jardin de l'Aligresse**, 39 rue de Cîteaux, Paris 12e. Jardin partagé en centre urbain, 260 m² (http://cl-aligre.org).
12. **Jardin Charmante Petite Campagne Urbaine**, rue de la Marne, Paris 19e. Jardin partagé en centre urbain, 850 m² (www.espace19.org)
13. **Potager des Oiseaux**, rue des Oiseaux, Paris 3e. Jardin partagé en centre urbain, 125 m² (http://potagerdesoiseaux.noosblog.fr).
14. **Papilles et Papillons**, 3-5 rue rue Gasnier-Guy, Paris 20e. Jardin partagé, centre urbain, 420 m².
15. **Jardin des Soupirs**, 18, passage des Soupirs, Paris 20e. Jardin partagé, centre urbain, 360 m² (http://pagesperso-orange.fr/jardin-des-soupirs

À Morsang-sur-Orge (Essonne)

16. **Le Jardin des Bonheur Potagers**, Quartier du Bois Pommier. Jardin partagé en centre urbain, 1 800 m² (http://lesbonheurspotagers.over-blog.fr/).

À Montreuil (Seine-Saint-Denis)

17. **Murs à Pêches**, Impasse de Gobétue. Jardin partagé, pédagogique et d'insertion en centre urbain, 8,5 ha (http://murs.map.free.fr).

À Gentilly (Val-de-Marne)

18. **Jardinons au Coteau**, 162 rue Gabriel Péri. Jardin partagé en centre urbain, 150 m².

À Brest (www.vertlejardin.infini.fr)

19. **Jardin de Pontanezen**, rue Puvis de Chavanne, quartier de Pontanézen. Jardin collectif en milieu péri urbain, 1 500 m².

À Lille (www.ajonc.org)

20. **Jardin des Maguettes**, rue des Dondaines, quartier Fives. Jardin communautaire en milieu urbain, 650 m².
21. **Jardin des (Re)trouvailles**, rue Montesquieu dans le quartier Moulins. Jardin communautaire en milieu urbain, 630 m².
22. **Jardin de Wazemmes**, rue de l'Hôpital Saint-Roch à Wazemmes. Jardin communautaire en milieu urbain, 1 000 m².

À Bordeaux

23. **Jardin de Bougainville**, rue de Bougainville, Bacalan. Jardin collectif d'insertion sociale en milieu urbain, 5 000 m².
24. **Jardins d'Arnaga**, rue Edmond Rostand, Le Haillan. Jardins familiaux en milieu péri urbain, 4 500 m².
25. **Oasis de Beaudésert**, Quartier Beaudésert, rue Envol, Mérignac. Jardins familiaux en milieu péri urbain, 1 ha.

À Lyon (www.jtserhonealpes.fr)

26. **Jardin Brin d'Guill**, 9 rue Cluzam et 6 rue Mazagran. Jardin partagé nomade en milieu urbain, deux parcelles de 100 m².
27. **Jardin de l'Envol**, rue de la Démocratie à Vénissieux. Jardin partagé en milieu péri urbain, 2 700 m².
28. **Jardin de l'Arimc**, 112 rue de la République à Meyzieu. Jardin partagé thérapeutique en milieu péri urbain, 250 m².

À Montpellier

29. **Jardin Clemenceau**, avenue Georges Clemenceau. Jardin partagé en centre urbain, 200 m² (www.montpellier.fr).
30. **Jardin d'Aniane**, lieu-dit Dèves Haut, Aniane. Jardin partagé en milieu rural, 1 ha.

À Marseille

31. **Le jardin des Aures**, parc de Terre Nouvelle, 68 chemin des Baumillons. Jardin partagé en centre urbain, 1 000 m².
32. **Le Jardin de l'Espérance**, chemin des Poissonniers. Jardin partagé en centre urbain, La Ciotat, 7 000 m² (http://jardinesperance.free.fr).

À Nantes

33. **Jardin En cours de Route**, 80 rue du Port-Boyer. Jardin partagé en centre urbain, 200 m² (www.jardins.nantes.fr).
34. **Parc potager de la Crapaudine**, avenue des Gobelets, entre la Sèvre et le quartier du Clos Toreau. Jardin partagé en centre urbain, 5 ha.

À Toulouse

35. **Le jardin Tourn'sol**, 34 route de Tarbes, Tournefeuille. Jardin partagé en milieu péri urbain, 2 ha (www.jardiniersdetournefeuille.org).

JARDIN
SOLIDAIRE

petit glossaire des jardins en partage

Les mille et une feuilles des jardins partagés

"Jardin partagé", le terme a fait florès ces dernières années. Et son aura dépasse aujourd'hui les cercles d'initiés, tant ces jardins ont su répondre à de nouvelles attentes.

Ces espaces de culture répondent à plusieurs enjeux contemporains : la lutte contre le dérèglement climatique, l'agriculture urbaine et le maintien de la biodiversité.

Que désigne donc cette expression "jardin partagé" ? Des jardins collectifs ouverts sur leur quartier, cultivés par des habitants qui pratiquent un jardinage respectueux de l'environnement.

Efflorescence lexicale

Les dénominations se sont multipliées. Appelés "jardins communautaires" à Lille où le premier jardin de l'Hexagone a vu le jour, ils ont aussi été baptisés "jardins de proximité", "jardins collectifs d'habitants", ou encore "jardins de voisinage". En région parisienne, ils ont pris le nom de "jardins partagés".

Précisant leur implantation, l'expression "jardin en pied d'immeuble" désigne des parcelles cultivées au bas des bâtiments de logements collectifs.

De même, l'expression "jardin éphémère" ou "jardin nomade" signale le caractère temporaire de l'occupation du terrain et la nécessité, à plus ou moins brève échéance, d'en trouver un autre.

L'heure du métissage

Le petit jeu des définitions ne doit pas laisser croire qu'il existe des cloisons étanches entre les jardins familiaux – anciennement appelés jardins ouvriers –, les jardins d'insertion et les jardins partagés, auxquels on pourrait ajouter les jardins pédagogiques. Des jardins familiaux se transforment en jardins partagés et, inversement, des jardins partagés deviennent parfois de mini-jardins familiaux. De même, il existe des parcelles pédagogiques dans de nombreux jardins, et des aménagements spécifiques permettent d'accueillir les personnes handicapées. Des parcelles sont également mises à disposition de structures travaillant avec des personnes en situation de grande précarité dans les jardins partagés comme dans les jardins familiaux.

Même si chacun conserve sa spécificité, l'heure est au métissage. Les idées circulent vite, leur diffusion étant accélérée par les forums, les voyages et Internet. La Toile constitue en effet un formidable réservoir dans lequel les associations piochent pour alimenter leur projet, s'inspirant d'expériences réalisées aux quatre coins du monde.

semer

1 les racines des jardins partagés

aux origines du mouvement

Les guérilleros jardiniers

Les racines des jardins partagés se trouvent de l'autre côté de l'Atlantique, dans le modèle des *community gardens* des villes nord-américaines, en particulier ceux de New York et de Montréal, qui ont inspiré les premiers "jardins communautaires" français.

Petits territoires de nature insérés dans les plis du tissu urbain dont ils épousent les formes, ces jardins de quartier fonctionnent à la fois comme des espaces publics où chacun est libre d'entrer, et comme des espaces de culture, dans les deux sens du terme. Ils sont ouverts à des horaires réguliers et dès lors qu'un membre de l'association se trouve dans le jardin.

Une mosaïque dans un jardin communautaire de New York.

La naissance des community gardens new-yorkais

Le premier jardin communautaire de New York naît à Manhattan, au début des années 1970. La ville connaît alors une crise urbaine et financière. De nombreux bâtiments abandonnés sont démolis ou incendiés et deviennent autant de terrains vagues. Leur multiplication, qui affecte tous les quartiers de la ville, dégrade le paysage quotidien des New-Yorkais et pose rapidement des problèmes d'hygiène et de sécurité. Les immondices qui s'y accumulent attirent les rats, et la criminalité s'y développe.

C'est dans ce contexte que l'artiste Liz Christy a l'idée de végétaliser des friches au moyen de poches de graines (*seed bombs*) qu'elle jette par-dessus les grillages. Ses premières "interventions" donnent les résultats escomptés – des fleurs poussent sur les gravats – et l'incitent à étendre son action.

En 1973, elle réunit un groupe d'amis et de voisins avec lesquels elle entreprend de nettoyer un terrain en friche dans le quartier du Lower East Side à Manhattan. Ils y créent le premier jardin communautaire, qui porte aujourd'hui le nom de Liz Christy et fait désormais partie des jardins préservés par la municipalité de New York[1*].

Rapidement, le mouvement s'étend. De nombreux volontaires viennent participer aux nettoyages de terrains et aux plantations, des pépiniéristes et des grainetiers font des dons. Les *community gardens* deviennent des lieux de convivialité où se rencontrent des gens d'âges et d'origines culturelles différents.

Liz Christy fonde l'association Green Guerillas[2] en 1974 pour aider d'autres habitants à créer des *community gardens*. En 1978, la municipalité de New York crée le programme *Green Thumb* (le *Pouce Vert*) pour contribuer à l'essor de ces jardins.

Aujourd'hui, New York compte encore environ 600 jardins communautaires, après une rude bataille qui a opposé l'ancien maire, Rudolph Giuliani, et les associations. Celles-ci ont reçu le soutien de nombreuses personnalités new-yorkaises, dont l'actrice Bette Midler, qui a financé l'achat de terrains avec la fondation New York Restoration Project. Après la disparition de dizaines de jardins, dont les terrains ont été repris pour réaliser des opérations immobilières, un compromis a été trouvé avec le maire Michael Bloomberg pour préserver les jardins restants.

↑ Liz Christy, la fondatrice de l'association Green Guerillas, devant le premier jardin communautaire de New York.

← Le jardin trente ans après.

Le People's Park, la révolution en jardinant

Du 15 au 28 mai 1969, la ville californienne de Berkeley est placée sous couvre-feu militaire. À la demande du gouverneur Ronald Reagan, la garde nationale fait régner l'ordre dans les rues. Des centaines de personnes sont blessées, un jeune homme est tué par une balle perdue. S'agit-il d'émeutes raciales, d'une résurgence de la révolte estudiantine dont Berkeley est un haut lieu depuis 1964 ? Non, ce que défendent les baïonnettes est un terrain boueux de 2 000 m^2 utilisé comme parking informel. Depuis un mois, la jeunesse étudiante, soutenue par la population, entreprend d'y créer un jardin : le People's Park, le parc du Peuple.

Les jardiniers de People's Park sèment leurs graines.

Sur l'incitation d'un appel publié dans un journal contestataire, plusieurs centaines de personnes participent au nettoyage, au labourage et à l'ensemencement du terrain vague. Entre les semis, on baptise des lopins de terre Guevara Fields[3] ou Pig's Bay[4], des distributions de nourriture sont organisées alors que les enfants grimpent sur des lettres en bois géantes formant le mot KNOW, "connaître". Des improvisations musicales psychédéliques résonnent aux oreilles de jardiniers encore surpris de la rapidité du succès de leur entreprise.

À la fois éruption d'espoir et de violence, l'utopie jardinière du People's Park mobilise aussi bien les militants étudiants gauchistes que les membres du mouvement artistique et contre-culturel hippie. Adopter un mode de vie alternatif et écologique est désormais considéré par les Flower Children[5] comme une prise de position politique aussi efficace que la rédaction d'un tract.

Renouvelant le discours politique traditionnel, le jardinage devient un nouveau mode d'action pacifique et festif. La lutte pour la survie du People's Park est perçue comme un symbole de l'opposition à la guerre du Vietnam, une variante américaine des luttes révolutionnaires internationales visant à l'autodétermination et à l'appropriation du sol par ceux qui le cultivent. L'ultime slogan des jardiniers, « Laissez cent fleurs fleurir », est ainsi plus qu'un écho de la révolution culturelle maoïste : c'est une invitation à organiser des jardins populaires à travers tout le pays, une idée en effet reprise par nombre de groupes militants locaux. Bien que la durée de vie du parc ait tout juste laissé le temps aux premières fleurs d'éclore, les jardiniers de Berkeley ont contribué à ancrer définitivement le courant environnementaliste dans le domaine du politique.

Camille Bégin, historienne

La dynamique du Jardin dans tous ses états

Né dans la mouvance du premier forum national "Jardinage et citoyenneté" qui s'est déroulé à Lille en octobre 1997, Le Jardin dans tous ses états (JTSE)[6] est le réseau français des jardins partagés.

Dès le milieu des années 1990, le collectif, qui n'avait pas encore reçu son nom de baptême, obtenait le soutien de la Fondation de France, à travers notamment l'implication de la responsable du Programme environnement, Sophie Bernier. Sollicitée par des associations dont l'action est transversale, à la fois sociale et environnementale, elle prend l'initiative de faire se rencontrer les futurs membres du Jardin dans tous ses états.

« En 1996, se souvient Éric Prédine, aujourd'hui correspondant national du réseau, Sophie Bernier a organisé un voyage à Montréal où elle a invité des militants écolos et des animateurs socioculturels pour visiter les jardins communautaires de la ville. Ce voyage a été déterminant, car il nous a permis de nous connaître, et surtout de dialoguer. »

En 1997, la Fondation de France lance un appel à projets intitulé "De nouvelles natures à cultiver ensemble", qui va financer de nombreux jardins associatifs durant cinq ans.

« Respecter l'environnement, c'est pour moi une attitude politique, individuelle et collective. »

Annick, jardin Nomade.

Des *community gardens* aux jardins communautaires

À la fin des années 1990, les *community gardens*, implantés au cœur des villes, n'ont pas d'équivalent en France. Des liens se tissent avec des associations québécoises et new-yorkaises qui sont invitées à témoigner de leurs expériences lors des forums nationaux organisés à Lille (1997) puis à Nantes (1999) par Le Jardin dans tous ses états. De ces échanges va naître le premier jardin communautaire à Lille en 1997.

La Terre en partage

À l'issue du forum de Lille, qui avait révélé un foisonnement d'initiatives autour des jardins (création de lien social à l'échelle du quartier, éducation à l'environnement, insertion par le maraîchage bio, accessibilité aux personnes handicapées…), le dialogue se poursuit entre les différents acteurs, et aboutit à la rédaction de la charte *La Terre en partage*.

Le réseau du Jardin dans tous ses états cherche un terme générique pour désigner ces jardins très divers dans leurs objectifs, mais qui possèdent des valeurs communes. L'expression "jardin partagé" s'impose, la notion de partage – partage de l'espace, partage d'un projet, des activités, de la récolte… – étant perçue comme essentielle.

Le jardin des (Re)trouvailles à Lille

Le jardin des (Re) trouvailles est né en 1997 dans le quartier Moulins à Lille. Dans les années précédant son ouverture, un processus de concertation mené par la Ville avait mobilisé les habitants autour de l'aménagement d'un square, les Olieux. L'association des Amis du jardin des Olieux, partie prenante de la concertation, souhaitait aller plus loin.

Les images de *community gardens* rapportées d'Amérique du Nord par l'association lilloise Chantier nature leur font découvrir des jardins qui ressemblent à ce qu'ils ont envie de réaliser. Le forum international organisé à Lille, en 1997, leur fournit l'opportunité d'échanger avec des associations de New York et du Québec.

L'idée de créer un jardin communautaire, le premier en France, est lancée. Le projet reçoit le soutien du conseil régional Nord-Pas-de-Calais et de la mairie de Lille qui, en 1998, vote la mise à disposition d'une friche de près de 1 000 m^2 à Moulins. Il bénéficie également du parrainage du programme Naturenville-NaturaLille que pilote la Maison de la nature et de l'environnement. Il sera aussi primé par la Fondation de France.

Le projet du jardin des (Re) trouvailles est porté par l'association des Amis des jardins ouverts et néanmoins clôturés (Ajonc)[7] qui, depuis, a accompagné la création d'autres jardins communautaires à Lille et anime le réseau qui compte une dizaine de jardins dans l'ensemble de l'agglomération.

Le jardin des (Re)trouvailles, premier jardin communautaire créé en France, en 1997.

La philosophie du "jardin partagé", telle qu'elle est explicitée dans la charte *La Terre en partage*, se fonde sur des valeurs "d'échange, de créativité, de solidarité entre les communautés et de liens retrouvés avec le monde vivant". À cela s'ajoute une démarche de projet qui repose sur la mise en œuvre d'une concertation pour la création du jardin, sur une gestion participative qui "fasse place à la diversité des points de vue", sur une pluralité des publics accueillis pour favoriser la mixité sociale, et sur le respect de l'environnement.

Le fonctionnement du JTSE

Aujourd'hui, le JTSE compte parmi ses membres deux réseaux nationaux, École et Nature et les Jardins de Cocagne. Il s'est structuré en pôles régionaux (voir p. 153) qui accompagnent les porteurs de projets de jardins partagés et leurs partenaires politiques et institutionnels. Les membres du réseau se réunissent quatre fois par an lors de séminaires, produisent des documents, organisent des visites dans les différents jardins, et des formations.

Les associations SaluTerre (Bordeaux) et le Passe-Jardins (Lyon) sont les correspondants nationaux du Jardin dans tous ses états.

L'évolution législative des jardins : à mi-chemin ?

L'apparition de nouvelles formes de jardins collectifs en France justifiait de faire évoluer les textes de loi qui ne connaissaient jusqu'alors que les jardins familiaux, anciennement dénommés jardins ouvriers. Ce "toilettage" nécessaire fut entrepris en 2003 à l'initiative du ministère de l'Agriculture, en concertation avec les associations.

La proposition de loi "relative aux jardins collectifs", déposée par Christian Cointat, définit trois types de jardins : les jardins familiaux, les jardins d'insertion et les jardins partagés. Le caractère ambivalent du mot "communautaire" en français a fait préférer le terme "partagé". Le choix de cette dénomination a donné lieu à une consultation, plusieurs représentant(e)s associatifs ayant été auditionnés par le rapporteur du texte de loi. Le texte définit les jardins partagés comme des "jardins créés ou animés collectivement, ayant pour objet de développer des liens sociaux de proximité par le biais d'activités sociales, culturelles ou éducatives, et étant accessibles au public".

Outre les jardins partagés, les jardins d'insertion font leur entrée dans le Code rural. Apparus dans les années 1980, ces jardins sont définis comme étant "créés ou utilisés en vue de favoriser la réintégration des personnes en situation d'exclusion ou en difficulté sociale ou professionnelle". Ils ont été notamment développés par le réseau Cocagne et par les Jardins du cœur qui alimentent les Restos du cœur, ainsi que par des associations qui utilisent le jardin comme support d'insertion sociale pour des personnes isolées, allocataires de minima sociaux.

Les jardins partagés développent des liens sociaux de proximité.

Quant aux jardins familiaux[8], qui figurent déjà dans le Code rural, ils se transforment et s'adaptent à une nouvelle réalité sociale. La proposition de loi propose par exemple de supprimer la référence archaïque au "chef de famille". Leur vocation première demeure celle de la production de légumes pour la consommation domestique. Le texte les reconnaît aussi comme lieux d'initiation et de formation au jardinage, qui peuvent proposer des parcelles à des écoles et à des associations.

De nouveaux enjeux apparaissent: la solidarité, le lien social et l'éducation à l'environnement. L'inscription des jardins partagés et des jardins d'insertion dans cette proposition de loi leur confère une existence juridique et leur ouvre des droits équivalents à ceux des jardins familiaux. Mais la moitié du chemin reste à parcourir pour sa mise en application. En effet, votée à l'unanimité le 14 octobre 2003 par le Sénat, cette proposition de loi est restée jusqu'à présent en souffrance à l'Assemblée nationale.

Catholicisme social et jardins ouvriers

Les jardins partagés sont une nouvelle page dans la riche histoire du jardinage collectif, dominée depuis plus d'un siècle par le modèle du jardin ouvrier.

Le promoteur des jardins ouvriers en France, l'abbé Lemire, fonde en 1896 la Ligue du coin de terre et du foyer, aujourd'hui Fédération nationale des jardins familiaux et collectifs. Député d'Hazebrouck, dans le Nord, il siégera à gauche à l'Assemblée nationale.

Il est, d'une certaine façon, porteur d'une utopie sociale : celle de la famille ouvrière installée sur un terrain inaliénable comportant maison et jardin. Comme le rappelle la sociologue Françoise Dubost, « le paradoxe est en effet que la création des jardins collectifs n'avait d'autre but, au départ, que le développement des jardins individuels et de la petite propriété[9] ». Le fameux abbé sera l'un des fervents promoteurs de l'urbanisme pavillonnaire.

« C'est important de respecter l'environnement, pour la transmission de la terre aux générations futures. »

Roselyne, jardin Nomade.

Pour le catholicisme social de la fin du XIXe siècle, le monde de l'usine est corrupteur sur un plan moral et physique. Il s'agit de détourner le prolétariat des estaminets où l'on consomme de l'alcool et où circulent les idées anarchistes. Le travail de la terre et "l'air pur des champs" sont perçus comme salutaires, dans tous les sens du terme.

L'idée de mettre des lopins de terre à disposition des classes les moins aisées pour leur permettre d'accéder à une autonomie alimentaire n'est pas de l'abbé Lemire. Elle avait déjà été mise en œuvre par des industriels du nord de l'Europe, au nom de la philanthropie patronale, et par des sociétés de charité. Ainsi la société de Saint-Vincent-de-Paul, fondée en 1833, avait développé le prêt de la terre pour les plus démunis. Frappé par la misère ouvrière, le Père Volpette fonde en 1894, à Saint-Étienne, l'un des tout premiers jardins ouvriers, qui existe encore.

➲ *Un jardin ouvrier dans les années 1930.*

Les jardins ouvriers vont connaître des périodes d'essor, puis de déclin durant le XXe siècle. Rebaptisés jardins familiaux dans les années 1950, ils disparaissent pour beaucoup dans l'après-guerre, les terrains étant repris pour construire des logements.

Mieux protégés à partir du vote de la loi Royer, appliquée dans les années 1970, ils retrouvent une légitimité grandissante avec la découverte de la "nouvelle" pauvreté qui touche une part croissante de la population française. Dans le même temps, la pratique du jardinage devient une véritable passion qui transcende toutes les classes sociales. De nombreuses villes lancent alors des programmes de jardins familiaux en cherchant à s'adapter à la demande : la surface des parcelles est réduite, passant de 450 m² au début du XXe siècle à 50 ou 150 m² en moyenne aujourd'hui.

Ils se trouvent généralement à la périphérie des villes mais la tendance actuelle est de les rapprocher des centres urbains. Ils ont conservé leur vocation première, qui est la production de légumes pour la consommation domestique. Mais ils s'ouvrent de plus en plus à d'autres dimensions, comme l'éducation à l'environnement, l'accueil des personnes handicapées

Le jardin familial de la Crapaudine à Nantes.

Utopies sociales et urbaines du XIXe siècle

Le XIXe siècle fut riche en projets utopiques qui donnèrent naissance à des réalisations architecturales remarquables comme le Familistère de Guise (Aisne), inspiré des travaux du philosophe Charles Fourier.

On trouve aussi dans la littérature des descriptions de communautés qui font écho aux valeurs des jardins partagés. Ainsi l'écrivain Eugène Sue, influencé par Fourier, imagine dans *Le Juif errant* (1844) une "Maison commune" des ouvriers dont les bâtiments d'habitation sont « entourés d'un vaste jardin de dix arpents, ici planté d'arbres en quinconce, là distribué en potager et verger[10]… » Il y ajoute « une grande salle, bâtie en forme de galerie, […] éclairée par dix fenêtres donnant sur le jardin. Le jeudi et le dimanche, elle se transformait en salle de bal, le mardi et le samedi soir en salle de concert animée par des choristes de l'usine et des musiciens amateurs. » La Maison commune dispose d'une caisse de secours mutuel. La solidarité, le partage d'un espace commun et la convivialité sont au cœur de cette ville utopique.

L'industrialisation naissante et l'émergence de la classe ouvrière ont suscité de nombreux écrits sur l'organisation de la société, qui allaient de pair avec l'élaboration de nouveaux modèles d'organisation de l'espace aussi bien domestique qu'urbain.

À la fin des années 1890, l'Anglais Ebenezer Howard invente le modèle de la cité-jardin qui comporte toute une déclinaison d'espaces verts répondant à des usages différents : jardin privé ou commun à plusieurs maisons, parcelles de cultures pour les habitants et parc public.

Ce modèle sera repris en France, en particulier en région parisienne, sous l'impulsion du socialiste Henri Sellier, président de l'Office des habitations à bon marché du département de la Seine entre les deux guerres.

La cité-jardin du Plessis-Robinson, dans les Hauts-de-Seine, illustre bien cette conception urbaine. Sa réhabilitation, menée au début des années 1990, s'inscrit dans une continuité historique. Ainsi le jardin public conçu par le paysagiste Jacques Simon en 1991 s'intègre dans une trame verte qui comprend des jardins privatifs et familiaux situés au cœur de la cité, offrant aux habitants une pluralité d'usages et de paysages.

Les jardins familiaux de la cité-jardin du Plessis-Robinson dessinés par le paysagiste Jacques Simon.

Les Piocheurs (Diggers)

L'expérience des Piocheurs, au XVIIe siècle, prouve que la question des communaux et de leur appropriation à des fins de culture est ancienne.

Au tournant du XVIIe siècle en Angleterre, dans un contexte politique agité après l'exécution du roi Charles Ier et une augmentation importante du prix des denrées alimentaires, Gerrard Winstanley et ses compagnons fondent en 1649 une communauté agraire à Weybridge, dans le Surrey. Opposés à la réforme de Cromwell (enclosure), ils défendent l'idée que les anciennes terres (*common lands*) appartenant à la royauté sont la propriété commune du peuple: « Nous désirons travailler selon la justice et poser les fondations d'une terre rendue à son rôle de trésor commun à tous, riches comme pauvres, de manière à ce que tous ceux, nés dans ce pays, puissent être nourris par leur mère [...], la terre, en accord avec la raison qui préside la création. Pour cela, il ne faut dresser aucune clôture pour délimiter la possession d'un seul; [...] il faut qu'aucun homme ne se comporte en seigneur vis-à-vis d'un autre homme mais que tous, nous nous considérions comme égaux en la création. »

L'expérience de Weybridge ne constitue qu'un début. Dans son ouvrage[11], Winstanley appelle le peuple à s'approprier « tous les communaux, toutes les terres en friche d'Angleterre et du monde entier ». Fondé sur les visions de Winstanley et sur la lecture de la Bible, l'idéal décrit est celui d'une société égalitaire composée de petites communautés non violentes. Plusieurs colonies se revendiquant du mouvement des Piocheurs vont rapidement se constituer, rassemblant plus d'une centaine de personnes. Elles auront toutes disparu dès 1651, en butte à l'hostilité des propriétaires terriens.

Les Piocheurs sont chassés des terres qu'ils avaient commencé à cultiver.

La galaxie autogérée

Les Amap, une des illustrations de l'économie sociale et solidaire.

Les jardins partagés, héritiers des utopies sociales du passé, ont aussi des liens de parenté avec des utopies concrètes du présent : les fêtes improvisées dans l'espace public de la rue[12] qui se réclament des zones autonomes temporaires[13] promues par Hakim Bey, les squats artistiques et citoyens, les restaurants et bars associatifs ainsi que les écoles autogérées rassemblent des hommes et des femmes qui cherchent à créer des lieux fondés sur l'entraide, la convivialité, la création et la participation. Les systèmes d'échanges locaux (Sel), les réseaux d'échange de savoirs, les associations pour le maintien d'une agriculture paysanne (Amap), ainsi que le vaste secteur de l'économie sociale et solidaire s'abreuvent à cette source autogestionnaire qui remonte à Proudhon.

Sorte de laboratoires *in vivo* de la démocratie participative, qui impliquent à la fois le respect de l'autonomie de l'individu et des formes de régulation collectives, les lieux autogérés peuvent avoir une histoire tumultueuse. À la précarité de certains espaces s'ajoutent de fréquents problèmes d'organisation interne, provoqués généralement par des débats sur le mode de prise de décision ou la stratégie à adopter vis-à-vis des institutions. Un fossé d'incompréhension continue à subsister avec une partie de la classe politique, qui ne comprend pas ces initiatives échappant aux cadres existants. L'idée que des habitants puissent sortir de leur passivité, de leur rôle de consommateurs de services publics, pour devenir les acteurs de leur propre vie, en dérange plus d'un.

Certaines collectivités s'engagent au contraire dans des politiques de soutien à ces lieux : ainsi la Commune libre d'Aligre, qui gérait depuis trois ans le jardin partagé de l'Aligresse (Paris 12e), s'est vu confier, fin 2007, les clés d'un café associatif. Des ateliers artistiques partagés, sur le modèle des jardins, ont ouvert leurs portes en 2008, avec le soutien de la municipalité et de la région Ile-de-France.

2 comment démarrer un jardin partagé ?

Recherche foncier désespérément

Vous êtes un(e) habitant(e), une association et vous avez envie de créer un jardin partagé dans votre quartier. Vous en avez parlé autour de vous et vous avez trouvé d'autres personnes qui partagent votre enthousiasme. Vous décidez alors collectivement de vous lancer dans l'aventure.

Sans terrain, pas de jardin. C'est une évidence que l'on perd parfois de vue tant on peut être absorbé par le montage du projet. Il vous faudra en effet suivre plusieurs fils en même temps, chacun ayant son propre tempo.

Un éventail de possibilités s'offre à vous pour trouver une parcelle, y compris dans les centres urbains denses. D'une manière générale, les communes demeurent le principal partenaire pour les projets de jardin partagé. Plusieurs grandes villes et intercommunalités ont mis en place des politiques publiques facilitant l'accès à des terrains, comme le Grand Lyon, Lille, Brest, Paris, Nantes et Montpellier. Dans ces trois villes, tout comme à Bordeaux, certains parcs publics accueillent des jardins partagés, augmentant ainsi les surfaces disponibles pour ces projets.

Le repérage du terrain

Un jardin partagé est un projet de quartier, il est donc préférable de le chercher dans un périmètre restreint qu'il vous appartient de définir. Songez aux outils que vous aurez à transporter. Vous devez pouvoir vous rendre facilement au jardin à pied ou à vélo, c'est ce qui lui donne tout son intérêt.

Le plaisir du jardin, c'est aussi de pouvoir s'y rendre à pied ou à vélo.

Commencez par organiser une "balade exploratoire" pour repérer les friches du quartier. Le service d'urbanisme de la commune vous aidera à en identifier le propriétaire. Olivia, l'une des femmes à l'origine du jardin des Maguettes (Lille), raconte qu'elles ont "prospecté" pour trouver des terrains libres avant de se rendre à la mairie pour savoir à qui ils appartenaient. À Lyon, « les jardins partagés sont tous créés sur le même modèle, explique Catherine, la directrice du Passe-Jardins : notre association effectue les recherches de terrains, aidée par la Ville ou les habitants qui lui signalent les parcelles vacantes ».

Petite jungle

Regards sur la friche

"Friche", "terrain vague", "délaissé", "chantier", "petite jungle", "espace désaffecté", autant d'appellations pour qualifier ces espaces vacants. Sortes « d'appels d'air » au sein de la ville, ils sont les stigmates d'une histoire en mutation, des soupapes d'incertitude dans un urbanisme hyperaménagé. Ces lieux apparemment en déshérence n'en sont pas moins riches du réservoir d'espèces qu'ils abritent, des traces furtives de leur appropriation sociale et des réactions ambiguës qu'ils engendrent.

La friche, éden ou chaos ?

Une étude ethnologique[14], menée dans une friche parisienne du 10e arrondissement en 2004, a mis en lumière la complexité de ces territoires urbains en attente d'affectation, envahis progressivement par la nature, conquérante audacieuse du minéral dominant de la ville.

La friche urbaine interpelle, questionne, dérange… Elle est surveillée par des habitants soucieux de préserver leur quiétude tout en se félicitant de son caractère "non bâti", de son paysage quasi bucolique. Abrité derrière des palissades que l'on peut aisément soulever, c'est un espace de transgression que l'on investit en y pénétrant furtivement pour taguer, faire des grafs, squatter provisoirement, jouer au ballon, ou que l'on utilise subrepticement comme décharge sauvage.

La culture du propre et du fonctionnel, héritée de l'hygiénisme, et celle de la domestication d'une nature réduite à un décor se confrontent à la relative saleté du lieu, mais aussi à l'exubérance des végétaux à la belle saison et à l'attrait exercé par les plantes et par le chant des oiseaux.

Ainsi, les réactions témoignent d'un bouleversement des usages et des représentations de la nature chez le citoyen, aussi bien que dans les cercles scientifiques, les cénacles politiques ou artistiques. Elles mêlent aussi bien l'engouement pour cette nature "libre" et pugnace que la résurgence de schémas plus classiques d'une nature disciplinée.

Nouveaux artisans de la requalification des friches, architectes, paysagistes et artistes jouent également un rôle non négligeable dans la modification du regard porté sur les friches. Le jardin en mouvement et la friche apprivoisée de Gilles Clément, le travail collectif sur la "Forêt des délaissés"[15], les œuvres de la paysagiste Liliana Motta sont autant de signes qui participent d'un changement des mentalités. Ils s'inscrivent dans les pas du botaniste Paul Jovet, chercheur au Museum national d'histoire naturelle, qui a donné ses lettres de noblesse à la flore modeste des friches urbaines en leur consacrant des travaux scientifiques.

Par sa disponibilité d'usage, sa configuration propice à la dissimulation, et la richesse biologique qu'elle abrite, la friche apparaît comme un lieu indompté d'appropriation sociale et environnementale. Il n'est pas étonnant qu'elle constitue un terrain d'élection pour expérimenter de nouvelles pratiques, qui resteront dans l'ombre ou se vivront au grand jour, comme dans les jardins partagés auxquels elle donne naissance

Sonia Braham, ethnoécologue

Jardins éphémères

Il peut se passer de nombreuses années entre la décision de construire un bâtiment et sa réalisation. Pendant ce temps, le terrain reste inoccupé. C'est pourquoi des associations conçoivent des projets "éphémères", s'inscrivant dans une durée d'occupation qui prendra fin avec le démarrage du chantier. Dans les faits, la convention de mise à disposition du terrain – le document qui lie le propriétaire et l'association – peut porter sur plusieurs années. Dans un certain nombre de cas, un autre jardin s'est créé ailleurs dans le même quartier quand il a fallu rendre les clés du premier, ce qui a permis d'en conserver la dynamique. L'ouverture d'un nouveau jardin, avec l'appui de la commune, témoigne à la fois de l'intérêt porté à ces projets, mais aussi d'un respect des engagements pris par les associations. Car quitter un jardin que l'on a planté, où la mémoire locale s'est enracinée, est un véritable crève-cœur. Du coup, beaucoup d'élus hésitent à s'engager dans des conventions, redoutant que les associations refusent de partir.

L'expérience de ces dernières années montre pourtant qu'elles savent tenir leurs engagements. Même lorsque le succès du jardin, son utilité sociale en particulier, divise les habitants sur l'opportunité de le faire disparaître, l'association restitue généralement les clés en temps voulu.

chronique du j

Le Jardin solidaire est un jardin partagé créé sur une friche de 2500 m² dans le quartier de la Réunion à Paris (20e). Dans un premier temps, occupant le terrain sans autorisation, l'association du Jardin solidaire s'attire les foudres d'une partie du voisinage et de la mairie d'arrondissement. Le jardin sera rasé deux fois. Mais l'histoire ne s'arrête pas pour autant, la persévérance des bénévoles de l'association finira par porter ses fruits…

Olivier Pinalie, à l'initiative de ce jardin, a tenu un journal de bord de cette aventure collective depuis la découverte, au printemps 2001, de la friche située entre l'impasse Satan et le passage Dieu, ça ne s'invente pas! Des extraits de cette chronique ponctuent chaque partie de ce livre.

Je serais bien incapable de retracer précisément l'enchaînement des circonstances qui me retrouvent la bêche à la main. Spéciale dédicace cependant aux trois grâces de Boulingrin[16] dont le travail sur les jardins a progressivement fait son chemin. Ajoutons parmi mes sources, le 80e quartier[17] de Charonne. Ce bout du 20e conserve la physionomie d'un îlot autonome, construit en grande partie par ses habitants. Cette frontière de Paris abrite mon atelier depuis quatorze ans. Voilà comment, en ce début juin, l'envie de faire un jardin sauvage s'impose à moi de façon aussi naturelle qu'impérieuse. Je sors donc pour déambuler à la recherche du terrain vague idéal.

Coup de chance, je n'ai cherché ni trop longtemps, ni trop loin. Alors que mon atelier est au 33 de la rue des Vignoles, j'ai découvert le terrain qui convient au niveau du 91, au fond de l'impasse Satan exactement. Extension improvisée et illégale de l'association Art Métis en même temps que repaire des jeunes du quartier, le terrain hésite entre la décharge et le raccourci secret.

J'ai aussitôt distribué mon tract d'exhortation au jardinage à quelques rastas de l'association. Lorsque je repasse pour savoir ce qu'ils en pensent, Babacar me reçoit solennellement dans son bureau, locks et lunettes de soleil. Après s'être assuré que je ne suis pas un sous-marin des Verts, il approuve mon projet d'autant plus volontiers qu'ils viennent de défricher sommairement une partie du terrain avec l'aide de quelques bonnes volontés du quartier.

Le quartier est un imbroglio inextricable d'impasses et de zones d'influence, avec chacun vue directe sur l'autre, genre comté de Yoknapatawpha[18]. Pourtant, à travers je ne sais quel prisme, j'ai l'impression que tout est possible. J'ai rencontré sur mon chemin un Green Guerillero, et au bout de l'impasse Satan le terrain descend en pente douce jusqu'à la rue des Haies. Le passage est idéal.

J'ai déblayé suffisamment d'ordures pour inaugurer quelques carrés de plantation. Éric a dessiné le logo du club sur la palissade de l'entrée: Diggers club for Zion. Je devrais peut-être distribuer « Ringolevio[19] » pour éclaircir mes intentions. Impossible, en effet, de me lancer dans un jardin libertaire sans invoquer l'activité des Diggers et la figure romanesque ou réelle d'Emmett Grogan.

Nouvel encouragement de Boulingrin, en nature cette fois-ci. Marie-Hélène me propose de récupérer des plantes dans la pépinière familiale de Douchy. Sur place, après le déjeuner, elle me conduit dans les serres où je peux me servir de plantes en pots par chariots roulants entiers. Léger moment d'euphorie. Je bourre la voiture de maïs, de tournesols, de raves violettes, de grimpantes et de fleurs diverses.

Malgré mes efforts, le terrain conserve cette triste faculté de décourager les visiteurs et donc la main-d'œuvre éventuelle. Où il est question d'une vague plainte déposée par la mairie du 20e arrondissement. Attendons la suite pour voir s'il y a un moyen d'éviter l'arrivée intempestive des bulldozers.

Mon travail obstiné suscite une curiosité discrète et les gens viennent volontiers me voir transpirer. Les enfants du quartier sont à peu près tous passés, les nôtres aussi d'ailleurs. Simon et Horace en visite impasse Satan. Il ne reste plus qu'à réaliser en acte ce jardin.

Transformation progressive de ma personnalité en jardinier. J'attends la pluie et je terrasse à tout-va. Y a-t-il un optimisme fondamental de la culture?

Impossible en tout cas de souhaiter que les plantations crèvent.

rdin solidaire

Je continue l'arrosage au seau et je recouvre de cailloux un tas d'ordures avant de le tasser avec de la terre.

Ce matin, irruption des bulldozers en forme de rappel à la réalité. J'ai d'abord entendu un bruit confus sans réaliser ce qui se passait, tellement les chantiers sont nombreux dans le quartier en ce moment. Alors j'ai traversé le nuage de poussière pour découvrir le massacre. Je suis resté hébété, avant qu'une jeune Marocaine ne me tire de mon désarroi : « Hé m'sieur on dirait que vous avez les larmes aux yeux ! »

En effet, cette démolition m'a cueilli à froid. On s'attache vite et j'avais écarté cette affreuse probabilité. Sans doute pour me remonter le moral, elle ajoute que ça l'écœure aussi. Les Africains ont fini de me calmer. Ils ont pris la chose avec plus de sang-froid. Ce ne devait pas être leur premier bulldozer et, pour la plupart, ils ne tiennent pas spécialement à ce jardin.

Il faut ajouter que les démolisseurs ont abattu avec une redoutable efficacité 15 mètres d'immeubles branlants dans le bas du terrain et se sont arrêtés là.

On peut raisonnablement espérer qu'ils ne sont pas venus pour nous déloger.

Serions-nous dans un potager libéré en sursis ?

A suivre p. 74

Bailleurs sociaux et grands propriétaires fonciers

« C'est bien de jardiner bio. Pourquoi mettre des produits chimiques quand tout peut pousser naturellement ? »

Mano, jardins de Brest.

Autre piste pour trouver un terrain : prendre contact avec les organismes de logement social. Ils signent en effet de plus en plus de conventions avec des associations pour des projets de jardins collectifs situés en pied d'immeuble, comme à Brest et à Bordeaux. Plusieurs jardins partagés parisiens se sont aussi implantés sur des terrains de l'Opac[20] ou de la Siemp[21].

Bon nombre de résidences comportent des terrains qui peuvent être transformés en jardin, à condition d'ajouter de la terre si elle est trop ingrate ou de l'amender. Si le jardin est un bon support pour faire se rencontrer les habitants, il l'est aussi pour ouvrir la cité sur l'extérieur, surtout si les écoles et les centres de loisirs participent au projet. C'est le cas du jardin de Pontanezen (Brest) où des petits de trois à six ans jardinent le mercredi avec l'aide de l'association Vert le Jardin.

Outre les bailleurs sociaux, d'autres propriétaires fonciers peuvent être sollicités. Plusieurs jardins se sont installés sur des terrains mis à disposition par des paroisses, comme le jardin des Aures, dans le quartier Saint-Victor à Marseille.

À Paris, Réseau ferré de France a signé une convention avec la Ville, qui autorise la création de jardins sur l'ancienne voie ferrée de la Petite Ceinture, à condition que les aménagements soient réversibles, comme aux Jardins du Ruisseau (Paris 18e), rue de Coulmiers (Paris 14e) et dans le jardin de Graine de partage (Paris 12e).

Le parc de la Villette (Paris 19e) accueille depuis 2001 les Jardins passagers, un jardin pédagogique dont une parcelle est cultivée par des habitants du quartier. Situé sur l'ancienne halle aux moutons, ce jardin collectif est "l'enfant naturel du Jardin planétaire[22]", pour reprendre la belle expression

Les bailleurs sociaux ont développé des jardins partagés en pied d'immeubles ces dernières années.

On peut créer des jardins partagés partout, même sur des terrasses.

d'Emmanuelle, qui en est l'une des animatrices. Il a été créé à la suite de l'exposition de Gilles Clément à la Grande Halle de la Villette, en 2000.

Jardins en terrasse

Plus originaux et peut-être promis à un grand développement dans les années à venir, les jardins partagés s'installent en terrasse ou sur les toits. Tokyo a pris des mesures au début de la décennie 2000, visant à restituer, sur les toits, une surface végétalisée équivalente à l'emprise au sol de toute nouvelle construction. Une expérimentation menée à Saint-Pétersbourg en 1997 par des chercheurs américains de l'organisation Echo (*Educational concerns for hunger organization*) montrait qu'il était possible de produire 2 000 tonnes de légumes dans un seul des douze quartiers de la ville[23]. Le mouvement nord-américain des *city farms* fait la promotion du jardinage sur les toits depuis de nombreuses années, et a contribué à en développer les techniques. À Montréal, l'association Des jardins sur les toits[24] verdit la cime des immeubles en alliant culture hydroponique[25], permaculture et jardinage biologique.

Il existe une forme de résistance en France à ce type d'aménagement. Pourtant, les techniques sont connues et éprouvées. Les Jardins du béton Saint-Blaise font figure de pionniers dans ce domaine. Installés depuis une dizaine d'années sur les terrasses d'un centre social du 20e arrondissement de Paris, ils animent chaque semaine un atelier de jardinage destiné à des personnes en insertion. Les participants réalisent leurs plantations dans des bacs en bois, selon la technique du jardin en carrés[26].

Suivant qu'il s'agit d'une commune, d'un particulier ou d'un bailleur social, le regard porté sur le jardin sera évidemment différent. À vous de trouver un angle pertinent pour convaincre de l'intérêt de votre démarche.

N'oubliez pas que les jardins partagés sont encore méconnus du plus grand nombre. Pour rassurer vos partenaires, vous pouvez organiser la visite d'un jardin choisi en fonction de votre projet. C'est souvent payant.

Un "bon terrain" pour un jardin partagé

Certains terrains présentent un intérêt médiocre pour une activité de jardinage. Avant de se lancer dans l'aventure, mieux vaut vérifier l'exposition de la parcelle, la présence d'immeubles tout autour pouvant la priver de lumière. La question de la pollution du sol n'est pas à négliger non plus. Renseignez-vous pour savoir s'il y a eu des activités polluantes sur le site, tout autant auprès des habitants du quartier que des services de la Ville, qui peuvent faire effectuer des analyses de sol. Une simple batterie enterrée suffit à faire apparaître des polluants. Un apport de terre végétale, réparti sur une bande géotextile, est utilisé par certaines collectivités pour isoler les cultures de la terre

➲ *Vérifier les activités qui se sont précédemment déroulées sur le site retenu permet d'éviter des déconvenues.*

polluée. Dans le cas où vous auriez des doutes sur l'état du sol, il est toujours possible de cultiver dans des bacs en bois qui isolent de la terre.

Quel est votre type de sol ?

Connaître le type de sol dans lequel on va cultiver est un élément important pour réussir ses plantations. Un sol argileux conviendra mieux aux aubergines ou à la tomate, par exemple, tandis qu'un terrain limoneux sera plus propice aux asperges ou aux radis. L'analyse physique du sol ne nécessite pas l'emploi d'un matériel particulier, l'observation suffit. Une terre argileuse retient l'eau, elle est collante quand elle est humide et dure quand elle est sèche ; à l'inverse l'eau s'infiltre dans les terrains sableux qui sont friables au toucher. Les sols calcaires se reconnaissent à leurs taches blanches.

Le pH, c'est-à-dire la mesure du caractère acide (de 0 à 7) ou alcalin (de 7 à 14) du sol, joue aussi un rôle important. Certaines plantes, comme le rhododendron, préfèrent une terre acide dans laquelle elles puisent les éléments nutritifs dont elles ont besoin. Un pH oscillant autour de 7 est idéal pour la plupart des plantes potagères et aromatiques.

Lorsque le caractère alcalin ou acide est trop marqué, il faut faire des apports spécifiques pour le modifier. Pour déterminer le pH d'un sol, il existe des kits d'analyse peu onéreux en jardinerie ou sur Internet.

Petites ou grandes surfaces ?

Si l'ensoleillement et la pollution représentent des critères rédhibitoires, la taille du terrain l'est beaucoup moins. L'expérience montre qu'il n'est pas nécessaire de disposer de grandes surfaces pour assurer la réussite du projet. De nombreux jardins partagés se situent dans une fourchette de 200 à 400 m². Avec ses 125 m², le Potager des oiseaux (Paris 3ᵉ) est certainement l'un des plus petits en France. Cela ne l'empêche pas d'avoir plusieurs parcelles collectives et d'accueillir diverses manifestations culturelles ouvertes au public : expositions, lectures de poèmes, chorale à l'occasion de la fête de la Musique…

La taille du jardin influe bien sûr sur la surface disponible pour les plantations. Pour contourner cette difficulté et permettre à un nombre plus important de personnes de jardiner, certaines associations ont choisi de cultiver collectivement plutôt que de découper le terrain en mini-parcelles individuelles.

Au final, des petits jardins peu éloignés les uns des autres tissent un maillage qui facilite les échanges entre les associations et crée de la convivialité entre les habitants.

Qui porte le projet ?

Différentes options existent. Soit vous contactez une association existante, soit vous créez votre association. Cette démarche peut intervenir à la toute fin, quand il devient nécessaire d'avoir une personnalité morale pour ouvrir un compte en banque, souscrire une assurance et signer la convention de mise à disposition du terrain. Cela laisse du temps pour se connaître et élaborer collectivement les statuts.

Dans un certain nombre de cas, une structure locale (centre social, centre d'animation, régie de quartier…) prend en charge le portage administratif du projet. Le groupe de jardiniers a un référent désigné au sein de cette structure pour le suivi du jardin. Généralement, le groupe est très autonome par rapport à l'organisme porteur, le seul lien formel étant celui d'une adhésion annuelle. Cette formule peut être temporaire, le temps qu'une association autonome se constitue.

Porter un projet implique de le représenter auprès des partenaires, qu'il s'agisse du propriétaire du terrain, des écoles, des organismes susceptibles de vous verser une subvention… Du temps, de l'énergie, des compétences et de la persévérance sont donc nécessaires, sans compter que vous aurez à assumer des responsabilités. Rien d'impossible cependant, d'autres y sont parvenus, notamment en répartissant les tâches entre les différents membres du collectif. N'oubliez pas qu'il existe des structures qui peuvent vous épauler.

Le réseau spécialisé sur les jardins partagés est celui du Jardin dans tous ses états, représenté dans plusieurs régions (voir p. 153).

Deux réseaux généralistes apportent leurs conseils aux associations en termes de gestion. Il s'agit des Points d'appui à la vie associative (Pava)[27] et des Dispositifs locaux d'accompagnement (DLA)[28]. Ils sont susceptibles de vous accompagner tant dans la phase de montage du projet que dans son fonctionnement. À cela s'ajoutent les sites Internet dédiés à la vie associative, les revues et ouvrages spécialisés et les structures municipales comme les Maisons des associations.

On peut également citer les formations proposées par des réseaux associatifs, souvent pour un coût modique, et les journées d'échange de pratiques et de savoir-faire comme en organise le réseau des Jardins solidaires méditerranéens.

Les uns ne sont pas exclusifs des autres, mieux vaut être trop informé que pas assez…

« Au début, j'ai eu du mal à ne pas mettre de fortifiant pour les plantes, mais finalement, ça marche aussi bien sans. À la place, on utilise le compost et du fumier de cheval, c'est très efficace. »

Gisèle, jardin de Pontanezen.

➲ *Du temps, de l'énergie, des compétences, de la persévérance… et de l'humour : des ingrédients indispensables pour monter un projet de jardin.*

Rencontrer les élu(e)s

Une fois le terrain repéré, l'étape suivante consiste à rencontrer les élus de votre commune ou de votre arrondissement. Il est toujours utile de leur laisser un document écrit avec les grandes lignes du projet. Il pourra être complété au fur et à mesure que se construiront les partenariats avec les écoles ou avec d'autres associations souhaitant s'impliquer dans le jardin.

À Lille, les jardins communautaires suivent tous les mêmes étapes : « Les habitants cherchent un terrain puis vont rencontrer les élus », explique René, responsable de l'association des Amis des jardins ouverts et néanmoins clôturés (Ajonc). Les adjoints chargés de l'environnement, des parcs et jardins, de la démocratie locale, des affaires sociales et scolaires sont les plus susceptibles d'être intéressés par un projet de jardin partagé.

De nombreux jardins sont ainsi nés de cette rencontre entre un porteur de projet et un élu. D'autres n'ont pas encore vu le jour, faute d'entente… Les élus jouent en effet un rôle important. Lorsque le terrain appartient à la commune, l'adhésion des édiles au projet est une condition *sine qua non*, d'autant plus s'il est envisagé que la commune réalise l'aménagement du jardin.

La municipalité peut aussi préempter, c'est-à-dire se porter acquéreur d'une parcelle, et négocier la mise à disposition de terrains auprès d'organismes comme Réseau ferré de France. Le foncier étant une denrée rare dans les centres urbains, il est fréquent que le projet de jardin entre en concurrence avec d'autres équipements susceptibles d'être aménagés sur la même parcelle, des logements notamment. Les débats sont parfois vifs, car le jardin demeure une préoccupation secondaire aux yeux de certains. Mais le besoin de nature et de lieux de sociabilité dans les quartiers correspond aussi à une réelle demande. *In fine*, le choix revient toujours… aux politiques.

Le temps de la concertation

De nombreux jardins partagés se sont créés dans le cadre de processus de concertation où les élus ont tenu une place essentielle. Le parc potager de la Crapaudine à Nantes, le jardin des Bonheurs potagers à Morsang-sur-Orge dans l'Essonne ou le jardin de Pontanezen à Brest sont ainsi issus d'une concertation menée par la ville. Il arrive parfois que la municipalité soit l'instigatrice du projet. Dans le cadre du programme Main verte, la Ville de Paris aménage des parcelles de jardin partagé dans les nouveaux squares, sans forcément qu'une association en fasse la demande au départ.

S'il est important, ce partenariat avec les élus n'est pas indispensable. Il peut être absent au départ et se construire au fil du temps. Certains jardins partagés se sont installés sur des terrains privés et ont fait appel à des fondations pour financer leur projet. C'est le cas de l'association Vivre à Aniane dans l'Hérault, qui est née en 1995 d'une large mobilisation des habitants contre l'installation d'un centre de rétention pour les étrangers. Une fois la victoire acquise, l'association a voulu conserver la dynamique qui s'était créée. Comme le raconte Bruno, l'un des fondateurs, l'idée d'un jardin collectif a tout de suite suscité un grand engouement : « On voulait que le village reste sympathique, tout en accueillant de nouveaux arrivants. Le jardinage permet d'engager la conversation une pelle à la main. C'est le prétexte à d'autres échanges. »

Vivre à Aniane a trouvé un terrain d'un hectare que l'association loue à un propriétaire privé. Plusieurs adhérents se sont cotisés au départ pour financer le tuyau enterré qui alimente les parcelles avec l'eau du canal de Gignac. Une subvention de la Fondation de France leur a ensuite permis de rentrer dans leurs fonds. Aujourd'hui l'association développe un projet de jardin pédagogique avec l'appui de la commune.

Le jardin d'Aniane s'est créé à l'initiative des habitants avec l'appui d'une fondation privée, avant de recevoir le soutien de la commune.

En quête de jardiniers partageurs

Une fois le terrain acquis, vous pouvez commencer à mobiliser les futurs jardiniers. Et d'abord qui sont-ils ? Certains jardins privilégient la rencontre des populations qui ne se côtoient pas habituellement. Ainsi à la Crapaudine (Nantes) ou au jardin Tourn'sol (Tournefeuille, Haute-Garonne), les associations qui portaient le projet ont eu à cœur d'y associer à la fois les habitants d'une zone pavillonnaire et ceux d'un ensemble de logements sociaux.

Privilégiant une autre approche, des associations ont commencé par définir une sorte de « périmètre d'influence » du jardin à l'intérieur duquel ils recrutent leurs membres.

Au Haillan, près de Bordeaux, l'association SaluTerre a eu recours au porte-à-porte pour prendre contact avec les locataires d'une cité de 342 logements. « Cette démarche s'est effectuée dans la journée, de façon à viser prioritairement des personnes inactives, repliées sur elles-mêmes et en difficulté », explique Franck, qui travaille pour cette association. Autre avantage de cette méthode, celui de repérer les personnes qui peuvent être motivées

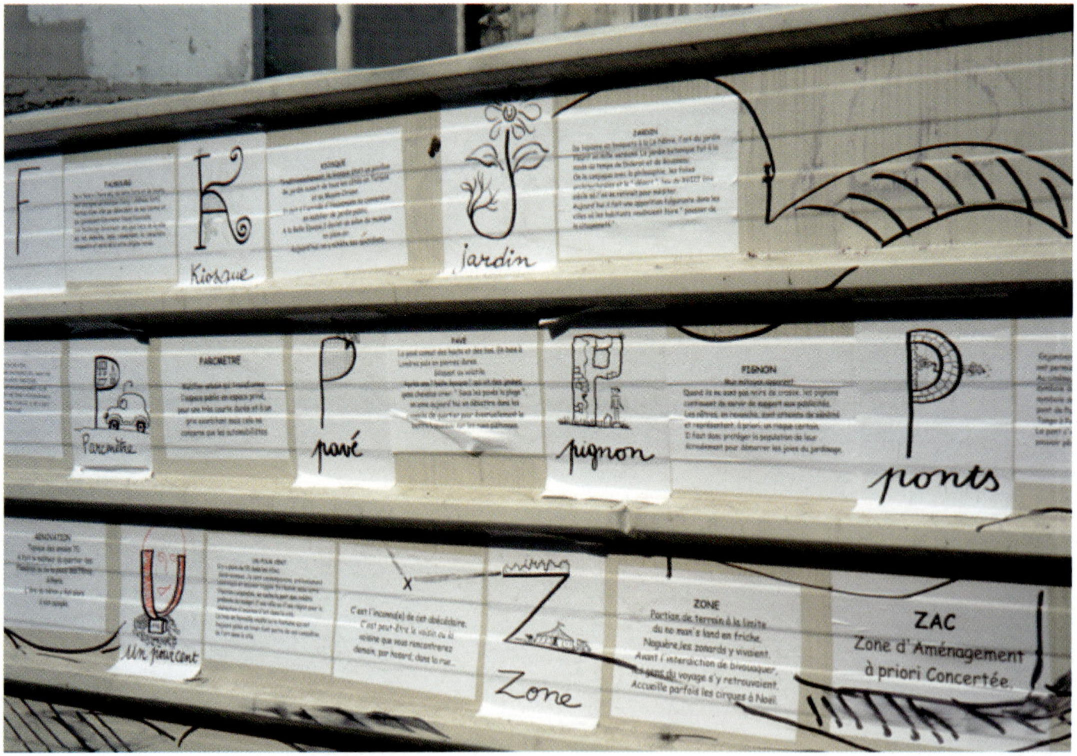

➲ *Un abécédaire sur la palissade du futur jardin l'Aligresse à Paris. Tous les moyens sont bons pour mobiliser les habitants du quartier.*

ⓘ *En attendant que le jardin prenne forme, on peut occuper le terrain avec quelques capucines.*

par le projet, et d'identifier les besoins. Environ un tiers des personnes rencontrées se sont dites intéressées par le jardin.

La question « Qui viendra jardiner ? » est importante car les superficies ne sont pas extensibles. Pour autant le jardin partagé ne se réduit pas à la seule activité de culture de la terre. L'on peut adhérer à un jardin partagé sans vouloir jardiner, mais simplement pour en avoir la clé et pouvoir s'y promener à sa guise, pour s'occuper de l'organisation d'événements conviviaux ou pour accueillir le public. Vous aurez besoin de forces vives pour l'animation, les permanences d'ouverture du jardin, le suivi des projets, les relations avec les écoles ou l'animation du site Internet…

Par ailleurs, l'investissement des adhérents jardiniers est variable. Aux dires des associations, en moyenne un quart de ceux qui jardinent sont très assidus et viennent quasiment tous les jours. D'où le choix dans plusieurs jardins de cultiver collectivement pour permettre à chacun de s'investir à hauteur de ses disponibilités.

Pas d'affolement donc si 80 personnes sont présentes lors de la première réunion d'information alors que votre terrain ne fait que 200 m². Dans un jardin partagé, il y a de la place pour toutes les bonnes volontés.

« Je ne sais pas jardiner, mais j'aime ça ! »
Un jardinier de Bordeaux.

Informer sur le projet de jardin

Les associations ont généralement recours à une réunion publique pour présenter leur projet. Certaines tiennent une table d'information sur le marché. Les organes de démocratie locale peuvent être sollicités pour diffuser l'information : comités ou conseils de quartier, conseils de la jeunesse… sans oublier les réseaux associatifs locaux.

Plus ludique, pique-niquer devant la friche ou peindre la palissade qui ferme le terrain a le mérite d'attirer l'attention des habitants et de donner un ton festif à la mobilisation. Les Amis des Jardins du Ruisseau (Paris 18e) ont ainsi organisé des nettoyages de printemps et des repas de quartier sur les talus de la Petite Ceinture, avant l'aménagement du jardin.

Dans un autre registre, la Commune libre d'Aligre (Paris 12e) avait affiché un "abécédaire" sur la palissade de la friche que l'association avait repérée. À la lettre J, figurait le mot "jardin" défini comme suit : « De topiaire en bosquets à la Le Nôtre, l'art du jardin fleurit en mille versions. […] Aujourd'hui il fait une apparition fulgurante dans les villes où les habitants voudraient faire "pousser de la citoyenneté". »

Les stratégies de mobilisation

En attendant la livraison du terrain, qui peut prendre plusieurs mois, certains risquent de se décourager. Il faut alors trouver des stratégies pour maintenir la mobilisation. Confrontée à cette difficulté, la mairie de Morsang-sur-Orge (91) a fait intervenir un paysagiste plasticien, Antoine Quenardel, pour animer des ateliers. Guidés par ses conseils et ceux de Fabio Piccioli, également paysagiste, les habitants ont exploré la friche et identifié les plantes. Ils en ont prélevé certaines pour se constituer un "trousseau de végétaux" faciles à replanter. Un jardin partagé s'est mis en place avec l'appui de l'association Graine de jardins sur une parcelle disponible, en attendant que le groupe de jardins familiaux soit construit.

Les retards survenant en cours de projet nécessitent de faire preuve d'imagination, et débouchent parfois sur des actions innovantes qui n'auraient pas vu le jour si tout s'était déroulé dans les temps. Bruno et Gérald, de L'Îlot Lilas (Paris 19e), racontent que, faute de terrain, l'association a décidé de réaliser avec les enfants des plantations au pied des arbres. Cette opération a inspiré la Charte de fleurissement des pieds d'arbre parisiens.

Moins innovant, mais efficace, on peut investir la parcelle pour amener le propriétaire à réagir. Durant trois ans, les habitants du quartier Jean-Moulin-Coulmiers (Paris 14e) ont attendu la réponse de Réseau ferré de France pour transformer une friche en jardin partagé. En mai 2007, ne voyant toujours rien venir, une trentaine de personnes décident de se donner rendez-vous sur le terrain pour y faire des plantations. Prévenus, la police ferroviaire et des policiers en civil en interdisent l'accès aux jardiniers. La plantation a finalement lieu après trois heures de négociation et sous le regard des forces de l'ordre… Cet épisode tragi-comique a eu néanmoins pour conséquence de débloquer la situation. Le terrain a été mis à la disposition de la Ville de Paris pour le plus grand bonheur de l'association Vert-Tige et des Jardins du cœur.

La mobilisation ne date pas toujours du projet de jardin partagé lui-même. Certains jardins s'inscrivent dans une histoire longue. Ils sont le fruit de revendications citoyennes ayant trait à la création de parcs publics. C'est le cas du jardin Villemin (Paris 10e), des jardins d'Éole (Paris 18e) ou du parc Clemenceau (Montpellier) qui comportent tous aujourd'hui une parcelle de jardinage collectif.

Au parc Clemenceau, la mobilisation a pris des allures festives avec des actions originales comme les "apéros menthe à l'eau" et les "friche-tea" organisés par l'association Protection atmosphère verdure (Pavé).

Le jardin Papilles et Papillons (Paris 20e) a une histoire similaire. Les habitants du quartier des Amandiers, haut lieu de la mémoire parisienne associé à Maurice Chevalier et Édith Piaf, se sont opposés pendant plusieurs années à un projet d'urbanisme. Le jardin est né de cette énorme mobilisation. L'appui de l'architecte Antoine Grumbach joua un rôle déterminant pour donner de la crédibilité au projet.

L'art de la concertation

Les jardins partagés sont souvent le fruit d'une concertation. Ce processus d'élaboration collective, qui peut sembler une perte de temps, correspond en fait à une démarche de projet revendiquée comme telle. La charte du réseau Le Jardin dans tous ses états (1997) stipule que « la concertation est la base indispensable de tout projet » et « qu'elle doit s'attacher à faire ressortir la diversité et l'évolution des besoins, [...] et éviter le clés en main et le pré-pensé ».

La mobilisation pour la création d'un parc avenue Georges Clemenceau, à Montpellier, a pris des allures festives.

Un lieu où chacun laisse parler son imaginaire…

Dans le même esprit, la charte des Jardins ouverts et néanmoins clôturés (Jonc) lillois, qui date de 1998, souligne que le concept de Jonc repose sur « l'implication forte des habitants, non seulement dans la réflexion préalable aux premiers aménagements d'un jardin, mais aussi dans leur participation concrète à son animation régulière ».

La charte Main verte de Paris (2003) s'inscrit dans cette filiation en encourageant « le développement de jardins collectifs s'appuyant sur une démarche de concertation ».

Reste à passer de la théorie à la pratique ! Il n'existe pas de "recette" pour mener à bien une concertation, mais quelques éléments de méthodologie peuvent se révéler utiles. Voici quelques repères.

Ouvrir le projet

En plus des habitants, il est important d'inviter aux réunions de concertation les structures du quartier intéressées par une activité de jardinage: écoles, centres de loisirs, associations, centres sociaux, hôpitaux… Faites circuler l'information et n'hésitez pas à prendre directement contact avec eux. Leur participation va nourrir le projet en l'ouvrant sur des dimensions nouvelles, d'ordre pédagogique, culturel, social, thérapeutique… C'est ce brassage qui constitue la richesse du jardin.

La concertation en actes

La concertation peut être organisée par différents acteurs: l'association qui porte le projet, la commune ou une structure spécialisée, missionnée pour cela. C'est le cas des correspondants régionaux du Jardin dans tous ses états mais aussi d'autres organismes qui travaillent dans le champ social. En 2006, l'association Métissages a ainsi été mandatée pendant un an par la Ville de Paris pour accompagner le jardin partagé situé dans le prolongement du square Casque-d'Or (Paris 20e). Cette mission a permis de mobiliser les associations de quartier, une crèche, des écoles et le conseil de quartier. L'association les Haies partagées s'est constituée à l'issue de ces réunions.

Les réunions sont aussi l'occasion pour les habitants, petits et grands, d'exprimer leurs attentes, leurs envies, de dessiner les contours du jardin idéal dont chacun rêve. Le projet se construit peu à peu à partir de cette matière. Le dialogue qui s'instaure alors entre les futurs jardiniers leur permet de faire connaissance, de forger l'identité du groupe.

Un certain nombre de thèmes sont récurrents dans les projets de jardins partagés : l'aménagement, la répartition de l'espace entre les jardiniers (collectif/individuel), le mode de culture, les activités qui seront proposées, sans oublier le règlement intérieur, le budget prévisionnel et le montant des adhésions. Autant de sujets sur lesquels les avis divergeront sans doute et qui nécessiteront un débat. Lorsque aucun consensus ne se dégage, il est toujours possible d'avoir recours au vote pour valider une décision. L'essentiel étant que les règles soient posées au départ.

Le jardin se construit peu à peu, à partir des échanges entre les utilisateurs.

Nom d'un jardin !

Le Poireau agile, le Poteau rose, le Lapin ouvrier, le jardin Nomade, ou celui des (Re)trouvailles : la poésie des jardins partagés est aussi dans leur nom. Loin de la mode actuelle des dénominations de rues et d'écoles qui célèbrent des personnages sans lien avec un lieu et son histoire, ce sont les habitants eux-mêmes qui trouvent pour leur jardin un nom enjôleur.

Porter un jardin sur les fonts baptismaux permet de souder un groupe de jardiniers qui ne se connaissent pas encore. Une sorte d'acte de naissance. « Nous voulions un nom qui reflète notre activité de partage des livres, et notre émerveillement devant le jardin. Nous avons eu du mal à trouver, mais c'est finalement Mots et Merveilles qui a été choisi », raconte Marigrine, présidente de l'association qui anime un jardin partagé dans le 13e arrondissement de Paris.

Pied de nez à l'époque, qui abuse des sigles, les associations n'hésitent pas à les détourner. Ainsi, la Charmante Petite Campagne urbaine se déploie sur un terrain de la CPCU (Compagnie parisienne de chauffage urbain). À Lyon, l'usine Renault véhicules industriels (RVI) a laissé la place au jardin Retrouvons la verdure ici. Quant à l'association Ajonc de Lille, elle désigne les Amis des jardins ouverts… et néanmoins clôturés.

Quand la toponymie est évocatrice, il n'est pas nécessaire de chercher très loin : le jardin des Soupirs se trouve dans le passage du même nom. L'Aligresse s'est imposé à l'association implantée dans le quartier d'Aligre, à Paris. À Nantes, la Crapaudine rend hommage au crapaud accoucheur, qui porte sa descendance sur le dos, et qui a élu domicile dans la mare du jardin.

Les associations ne résistent pas toujours à un jeu de mots : une petite oasis de verdure près de la porte des Lilas devient L'Îlot Lilas, et un jardin situé avenue Francis-de-Pressensé, à Lyon, le Pré sensé.

Parfois, la postérité d'un nom est plus forte que le jardin lui-même. Le Jardin solidaire, le plus grand jardin partagé de Paris, qui a cédé la place en 2005 à un gymnase, un parking et des logements, est presque devenu un nom commun : pour parler de jardins partagés, certains disent aujourd'hui des "jardins solidaires".

Dans les jardins partagés, les chaises ne demeurent pas vides longtemps. Débats et réunions sont fréquents.

Dans tous les cas, les clés de la réussite résident dans le partage de l'information au fur et à mesure de l'évolution du projet, dans la sincérité de la démarche et dans une distribution équitable de la parole au cours des réunions. Cela permet d'éviter bien des malentendus, et de maintenir un climat de confiance entre les participants. À ce titre, rédiger des comptes rendus de réunion est indispensable pour conserver la mémoire des décisions prises et pour ensuite les faire connaître.

Se nourrir d'autres expériences

Les échanges avec d'autres associations sont toujours très utiles dans la phase de concertation. Olivier, qui a participé à la création du jardin des Haies partagées, raconte qu'ils ont visité « plein de jardins et qu'ils se sont inspirés de Villemin, d'Éco Box, des Murs à pêches de Montreuil... » En complément de ces rencontres sur le terrain, n'hésitez pas à faire un tour sur la Toile où l'on trouve des sites et des blogs consacrés aux jardins partagés. Ceux d'Île-de-France ont un portail régional[29], tout comme ceux de Rhône-Alpes.

Ces expériences viendront alimenter vos réflexions et vous donneront une base de discussion. La diversité des choix opérés dans chaque jardin témoigne d'un large éventail des possibles. Il n'existe pas de modèle standard de jardin partagé. À titre d'exemple, la délicate question de la gestion du terrain sous forme de parcelles collectives ou individuelles a trouvé des réponses très diverses qui font apparaître toute une gamme de nuances. Dans le jardin de Pontanezen (Brest), « on décide des plantations collectivement et l'on jardine tous ensemble, il n'y a pas de parcelles individuelles. La récolte est partagée et l'on organise des repas communs », explique Gisèle. Au jardin Nomade (Paris 11e), le terrain est « divisé en parcelles individuelles, mais il y a des parcelles communes où tout le monde jardine ensemble », raconte Martin. À Lyon comme à Lille, il n'y a pas de parcelles individuelles; à Leroy Sème (Paris 20e), nous dit Élise, « on travaille en petits groupes par zone : potager, aromatiques, fruitiers, bacs à fleurs, allée pédagogique, jardin zen avec une petite mare et des plantes aquatiques, sous-bois normand dans l'espace "secret sauvage"... »

Temps du projet/temps de l'administration/temps du jardin

Il est bien rare que les rythmes du montage du projet, de l'administration et du jardin coïncident, ce qui engendre des décalages, des périodes de blanc où rien ne semble avancer, suivies de phases de brusque accélération. En effet, l'élaboration du projet s'étend souvent sur plusieurs mois, en fonction de la disponibilité des participants. Une fois finalisé, le dossier est transmis à la commune ou au bailleur social avec qui s'engage le dialogue concernant les aménagements et leur coût. La création du jardin nécessite aussi le vote des élus pour la mise à disposition du terrain; il faut ensuite l'inscrire dans un budget et enfin lancer des marchés pour sa réalisation.

Le terme du processus, c'est-à-dire la livraison du jardin, peut ainsi intervenir à tout moment dans l'année. Or la saison n'est pas indifférente pour le jardinage. Certains jardins partagés ont débuté en janvier ou en juillet, à des moments où il est difficile de commencer des plantations. Mais dès la saison suivante, ces démarrages laborieux sont vite oubliés et laissent place à une généreuse végétation.

Les étapes de création d'un jardin partagé

- ⇨ Réunir un groupe de personnes intéressées.
- ⇨ Repérer un terrain.
- ⇨ Aller voir des jardins partagés existants.
- ⇨ S'informer sur les dispositifs d'aide à la création et au financement du projet de jardin partagé.
- ⇨ Chercher un porteur de projet associatif ou créer une association.
- ⇨ Identifier les structures locales à même d'aider le projet.
- ⇨ Informer les habitants.
- ⇨ Rencontrer les élus et les services techniques.
- ⇨ Elaborer un projet (nature des activités, aménagement du terrain).
- ⇨ Etablir un budget prévisionnel.

« Avant, quand je rentrais du travail, je m'écroulais devant la télé et j'étais toujours fatigué. Maintenant, je descends au jardin et je suis toujours en forme. »

Salvator, jardin Beaudésert, Bordeaux.

➲ *Le jardin Leroy Sème (Paris 20e) est cultivé collectivement.*

AUTOCONSTRUCTION

Les tribulations d'un jardin nommé Nomade

Dès son ouverture, le jardin Nomade est devenu un point central dans notre micro-quartier : c'est au jardin que l'on passe, que l'on se retrouve, que l'on vient s'asseoir pour bavarder, boire un verre, partager un gâteau, lire ou se taire, regarder les plantes pousser, s'étonner, apprendre, faire une halte pacifiante de l'autre côté de la haie.

L'Association du quartier Saint-Bernard, bien implantée dans le 11e arrondissement de Paris, souhaitait créer un jardin collectif de voisinage. À nos yeux, l'occupation "sauvage" – diversement tolérée – des friches urbaines ne pouvait permettre la reconnaissance et moins encore la multiplication de ces jardins. Il fallait donc convaincre les élus.

Au printemps 2001, la nouvelle équipe municipale parisienne s'intéressa vite à notre projet, déjà bien accueilli par la mairie d'arrondissement.

Tout était à étudier : le statut, la réalisation, le fonctionnement et même le déménagement du jardin. En effet, la Ville avait pour ce coin de rue un projet de centre multimédia. Nous avons accepté cette précarité et prévu de donner ensuite tout ce qui pouvait l'être à un autre jardin collectif. L'aventure, qui devait être éphémère, le fit baptiser Nomade.

Le groupe "jardin", créé au sein de l'association, s'inspira d'autres expériences, connues par la presse ou par certains d'entre nous, pour imaginer aussi bien le dessin, le règlement intérieur, que les détails du fonctionnement. Parmi nos sources figuraient les jardins de New York, Lille, Lyon et Lausanne. Nous souhaitions aussi que le futur jardin puisse accueillir des activités et expériences diverses en plus du jardinage et de la sensibilisation à la nature et à l'écologie : expositions, concerts, repas, réunions, fabrication de mobilier adapté au lieu… et y rendre possible toute initiative susceptible de provoquer la rencontre des différentes populations du quartier.

Pour l'abri de jardin, l'association développa un partenariat avec des étudiants en architecture de l'école de la Villette qui proposaient de faire de l'autoconstruction avec des briques de terre fabriquées sur place. La Ville donna son accord. La maison de terre, exemple concret de réalisation en matériau naturel, est devenue une attraction qui étonne toujours. De même, un voisin prit en charge la fabrication, avec les enfants de l'école primaire, d'éoliennes, girouettes colorées dans le ciel.

Parallèlement, la Ville mettait au point un cadre, la charte Main verte, pour accompagner les jardins partagés. La gratuité du loyer nous fut accordée à condition d'ouvrir le jardin à tous et d'organiser des animations régulières. En septembre 2003, six mois après l'ouverture, nous étions le premier jardin partagé parisien à signer cette charte.

La nouveauté du sujet, le nombre d'interlocuteurs (la mairie centrale et ses services, la mairie d'arrondissement) ont sans doute allongé les délais de mise en œuvre. Et c'est sans lutter, mais avec constance, que nous avons mis à l'épreuve une vertu indispensable à qui se confronte au jardin : la patience.

Claudine Raillard, jardinière indépendante,
est l'une des fondatrices du jardin Nomade (Paris 11e).

cultiver

1 quand l'écologie prend racine au jardin

La terre est prête, les graines ont été semées. Le temps est venu de cultiver, d'arroser, désherber, tailler… Dans les jardins partagés, comme dans tous les jardins du monde, on plante des fraises et des carottes, on fait pousser des roses et des capucines. On cultive aussi bien d'autres choses qui n'auront pas toujours la forme de fleurs ou de légumes, mais qui auront une saveur inestimable. On apprend à ne pas abîmer la terre, à économiser l'eau, à favoriser la biodiversité… Un apprentissage des méthodes de jardinage respectueuses de l'environnement et une leçon d'écologie urbaine pour tous les âges.

Tous les jardiniers n'ont pas la fibre écologique et, chez certains, les mauvaises habitudes sont bien enracinées. Ils ont oublié le savoir des anciens et se demandent bien pourquoi ils ne travailleraient pas la terre en suivant l'exemple des jardiniers de l'après-guerre qui cultivaient à coup d'engrais et de pes-

On sème, on plante… partout où l'on peut !

Un nouvel art de jardiner, qui fait le lien entre l'homme et son environnement.

ticides, d'arrosage sans modération et de rangées de choux dont aucune tête ne devait dépasser du rang. Comme le fait remarquer Gilles, du Poireau agile (Paris 10e), « pour certains, la biodiversité, c'est de la mauvaise herbe ».

Mais de plus en plus nombreux sont les jardiniers qui veulent renouer le rapport au monde vivant et protéger la nature. Et les jardins partagés participent pleinement à la préservation de la biodiversité de l'écosystème urbain. C'est donc un art de jardiner tout en douceur que ces jardiniers d'un nouveau genre réinventent. Un art qui permet de retracer le lien entre l'homme et son milieu naturel, tout en ne se privant pas d'échanger des astuces avec ses voisins, de donner libre cours à sa créativité et d'entretenir son humus intérieur. Sans discours ni grandes théories, c'est à travers les petits gestes quotidiens du jardinage que les discussions s'engagent, que la réflexion mûrit et que chacun prend conscience, jour après jour, saison après saison, des enjeux écologiques de notre planète.

Ville durable

Jardins partagés et développement durable : un mariage harmonieux

Le concept de développement durable prend son envol en 1992, lors du sommet de la Terre de Rio. On le résume communément par « un développement qui répond aux besoins du présent sans compromettre la capacité des générations futures à répondre aux leurs ». Sa mise en œuvre s'articule autour de trois piliers : économique, environnemental et social, auxquels il faut ajouter la démocratie participative.

En quoi les jardins partagés tentent-ils de répondre aux défis de la ville durable ? À première vue, le propos pourrait sembler décalé, voire disproportionné… Mais en considérant le caractère original et multifonctionnel de ces jardins, la relation apparaît évidente : l'élaboration participative et partenariale du projet, en concertation avec les services municipaux, aboutit à des modes de fonctionnement et de prise de décision novateurs. D'autre part, l'activité de jardinage n'est pas une finalité en soi. Le jardin est avant tout un support de lien social dont la gestion est collective. Les activités qui s'y déroulent favorisent le mélange des générations et des cultures, et l'ouverture sur le quartier.

Le jardin partagé est aussi un lieu d'exercice de la solidarité. De manière informelle entre jardiniers, ou de façon plus officielle dans le cadre de partenariats avec des structures œuvrant auprès de personnes en difficulté, des personnes en situation précaire trouvent là des incitations à la reconstruction, à la "resocialisation" en liant de nouveaux contacts, en partageant des activités.

Moins évidente de prime abord, la dimension économique est pourtant présente dans les jardins partagés. Par exemple, la pratique écologique du jardinage conduit à une prise de conscience de notre dépendance à une terre nourricière. C'est alors le développement de l'agriculture biologique et des associations pour le maintien d'une agriculture paysanne (Amap) qui peut s'en trouver galvanisé. Dans un autre domaine, les jardins constituent une attraction touristique pour visiteurs en quête de découvertes urbaines inédites.

Petites niches de verdure en milieu dense urbain, ces jardins contribuent à préserver la biodiversité, mais également à enrichir la palette des paysages de la ville. Ce sont des lieux de sensibilisation et d'apprentissage de pratiques écologiques pour les adultes, comme pour les enfants des écoles ou des centres de loisirs qui les fréquentent. Ces comportements respectueux de l'environnement « s'exportent » souvent hors de l'enceinte du jardin et modifient les habitudes de la vie quotidienne : tri des déchets, économie d'eau…

Sonia Braham, ethnoécologue

Au commencement était la terre

Le respect de l'environnement, c'est ce que proposent certaines villes qui ont élaboré des chartes, comme la charte Main verte à Paris. Les jardins partagés qui l'ont signée s'engagent à en respecter les termes : « Un jardin partagé est un terrain d'expérimentation pour des pratiques respectueuses de l'environnement. » En complément de cette charte, la plupart des jardins ont inscrit dans leur règlement intérieur l'obligation de cultiver sans engrais ni pesticides. Mais les écrits ne font pas toujours autorité, et des jardiniers sont encore tentés de donner un coup de pouce chimique à leurs plantations.

Des jardiniers éco-responsables

« Les questions d'environnement, de qualité du sol, de biodiversité ne sont pas forcément dans les préoccupations des jardiniers, confirme Bruno de L'Îlot Lilas (Paris 19e), tout simplement parce qu'ils n'ont pas ce savoir. C'est pour cette raison que nous avons voulu créer un jardin collectif où, en jardinant ensemble sur le même espace, ceux qui ont des connaissances en jardinage bio les transmettent aux autres. » Voilà comment L'Îlot Lilas est devenu un véritable terrain d'expérimentation : on y a banni la bêche qui assèche la terre, on y apprend à connaître la structure du sol, on laisse les "mauvaises herbes" pousser avec modération, on choisit des fleurs adaptées au sol et au climat, on plante des ipomées et des tournesols pour donner un petit air de prairie à ce mini-jardin de 180 m², situé sur l'une des artères les plus passantes de Paris. Les jardiniers relèvent régulièrement la pluviométrie, récupèrent l'eau de pluie, arrosent les plantes uniquement quand elles en ont besoin, et jamais au jet.

À l'Ilot Lilas (Paris 19e), les osiers jaunes servent de clôture végétale décorative et permettent d'assainir le sol.

La conception du jardinage de Jacques, au jardin Leroy Sème (Paris 20e), est celle d'un artisan : « Dans un jardin, on doit faire de l'orfèvrerie, pas de l'agriculture ! On doit couper l'herbe sans la ramasser et laisser les vers faire leur travail ; on ne chasse pas une plante que le vent ou les oiseaux ont apportée, car si elle colonise naturellement un endroit, c'est qu'elle s'y plaît. Il faut donc apprendre à partager les lieux avec la flore spontanée. Fruits du hasard d'un envol de graines, ces "étrangères" au jardin brisent avec bonheur notre fâcheuse habitude à penser la nature. Sans cet aléa de génie, la beauté naturelle du jardin disparaîtrait. Alors un peu de tolérance pour les herbes folles ! »

À Lyon, l'association Le Passe-Jardins a édité une "Charte du jardinier amateur éco-responsable" qui préconise le respect de l'environnement dans tous les jardins partagés. Illustré avec humour, et très pédagogique, ce petit livret est un précieux outil pour les jardiniers. De la préservation des ressources à la gestion des déchets, en passant par l'accueil de la faune auxiliaire ou l'utilisation d'outils non polluants, tous les thèmes sont abordés. « Cette charte n'est pas figée, précise Catherine, du Passe-Jardins. Nous comptons sur les jardiniers pour la compléter et la faire vivre. » Afin d'aider les jardiniers à bien prendre soin de la terre, une animation par saison est par ailleurs programmée avec l'association Les Cultivateurs sur tous les aspects du jardinage écologique : arrosage, paillage, compostage, bêchage…

Ce qui me plaît dans les jardins partagés, ce n'est pas seulement de jardiner, c'est de rencontrer des gens, de sortir de ma vie ordinaire et d'être reconnu.

Yvon, jardins de Brest.

Cultiver hors-sol

Il arrive que la terre de certains jardins ne soit pas propice à la culture. Ce détail n'arrête pas les jardiniers. « Étant donné l'état du sol de notre jardin, raconte Véra d'Éco Box (Paris 18e), on cultive "hors sol" : nous avons installé des palettes de bois recouvertes de bâches en feutre et de terre végétale. » Le résultat est plutôt convaincant et les plantes n'ont pas eu à se plaindre de ce compromis !

À Bordeaux, le jardin d'insertion sociale de Bougainville a expérimenté le *lasagna bed* sur une parcelle de terre qui n'était pas arable. « C'est une technique qui nous vient de Belgique, explique Florence, et qui consiste à superposer des couches de carton, de paille et de terreau. C'est un très bon substrat pour toutes sortes de cultures. »

Avant de semer, il faut bêcher pour permettre à l'air et à l'eau de circuler. Oui, mais voilà, avec le bêchage traditionnel, on retourne la terre. Du coup, on perturbe la vie des bactéries, champignons, insectes et autres vers de terre qui enrichissent le sol et le rendent fertile. Il est donc préférable d'utiliser le bêchage droit qui permet d'aérer le sol sans le retourner, donc sans perturber ses habitants, précieux auxiliaires pour le jardinier.

Le bêchage droit permet d'aérer le sol sans perturber ses locataires.

Rien ne vaut un bon compost pour amender la terre.

Compost : rien ne se perd, tout se récupère

La plupart des jardins partagés pratiquent le compostage. La raison en est simple : composter les déchets verts limite la quantité d'ordures ménagères, renforce le stock d'humus dans le sol et améliore sa fertilité. Les débris végétaux des tontes de gazon, de feuilles mortes, de taille des haies sont ainsi régulièrement recyclés. Dans certains quartiers, les voisins ont même pris l'habitude d'apporter leurs fleurs fanées, leurs épluchures de légumes et de fruits non traités pour enrichir le compost. Au jardin Clemenceau, à Montpellier, Laurent est devenu maître composteur. Avec patience et application, il taille régulièrement les déchets verts au sécateur, garantissant ainsi un bon compost pour amender la terre.

Le compost sert souvent de support à des animations pédagogiques, comme au jardin des Aures (Marseille, 15e) où la région Paca et l'Ademe ont financé des ateliers de compostage dans le cadre d'un programme de "sensibilisation au compostage individuel[30]". « Tous les premiers samedis du mois, raconte Julien, le Groupe énergies renouvelables, environnement et solidarités (Geres)[31] coordonne des animations et ateliers techniques gratuits pour expliquer comment fabriquer du compost à partir des déchets ménagers, et montrer en quoi cette pratique répond à des enjeux environnementaux en termes de valorisation des déchets et de tri sélectif. »

Paille, fumier et BRF

Certains jardins ont adopté le paillage végétal pour éviter le développement des mauvaises herbes autour des plantes et des arbustes. Une technique qui retient l'humidité du sol en été, protège des gelées en hiver, évite l'érosion provoquée par les pluies, et le dessèchement dû au soleil et au vent. En se décomposant lentement, la paille apporte des

En se décomposant, la paille apporte des éléments nutritifs à la terre.

éléments nutritifs à la terre, favorisant ainsi la vie souterraine. Quand ils n'ont pas de paille sous la main, ce qui est souvent le cas en ville, les jardiniers se la procurent chez le fleuriste du coin. Parfois, en plus du paillage, on pratique la fumure organique, comme à Aniane, dans la moyenne vallée de l'Hérault, où les jardiniers achètent du fumier de cheval aux éleveurs de manades[32] de la région. Dans les bacs surélevés des Jardins passagers de la Villette (Paris 19e), c'est la technique du bois raméal fragmenté (BRF) qui est expérimentée avec succès. « Cette technique consiste à épandre des branchages qui viennent d'être coupés et broyés, sur une épaisseur de trois centimètres, explique Emmanuelle. On obtient ainsi un sol très fertile, dans lequel se développent des plantes qui résistent naturellement aux maladies, et qui ne nécessitent pas d'engrais et quasiment pas d'arrosage. »

Le bois raméal fragmenté (BRF), une technique qui enrichit le sol et protège les plantes.

Des traitements naturels

Pour lutter contre les maladies et les parasites, les jardiniers troquent engrais chimiques et pesticides contre des traitements d'origine naturelle, comme le purin d'ortie. « Au jardin Nomade (Paris 11e), on utilise de la bière pour venir à bout des limaces, explique Martin, du savon de Marseille, du jus de tabac ou simplement ses doigts pour éliminer les pucerons. »

Cultiver sans engrais surprend plus d'un jardinier. Habitués à "aider" la croissance des plantes, certains ont du mal à croire que l'on peut laisser faire la nature et utiliser des produits naturels pour obtenir les mêmes résultats. « On a eu deux belles récoltes de haricots sans aucun produit chimique, raconte Sylvie du jardin En cours de route (Nantes). Certains jardiniers n'en revenaient pas ! »

Le purin d'ortie, un élixir pour le jardin

Au grand dam des marchands d'engrais et de pesticides, le purin d'ortie n'a pas dit son dernier mot. Les jardiniers amateurs sont autorisés à en fabriquer pour leur usage privé. Grande dévoreuse de nitrates et de phosphates, engrais naturel, antiparasitaire, l'ortie donne force et santé aux plantes. Pas étonnant qu'elle s'invite au jardin !

Recettes

Plongez 1,5 kg de jeunes pousses d'orties hachées qui ne sont pas encore montées en graine dans 10 l d'eau de pluie. Utilisez un récipient en bois ou en plastique plutôt qu'en métal afin d'éviter des réactions chimiques indésirables. Laissez macérer 3-4 jours à 18 °C pour un usage répulsif contre les pucerons et les acariens, ou 15 jours à la même température pour l'utiliser comme engrais. N'oubliez pas de remuer régulièrement la potion. La préparation est prête quand plus aucune bulle ne remonte à la surface. Une fois filtré, le purin est prêt à l'emploi, selon les dilutions indiquées ci-dessous.

- ⇨ **Insecticide :** diluez 1 l de purin dans 20 l d'eau et utilisez en pulvérisation sur les plantes.
- ⇨ **Engrais :** diluez 1 l de purin dans 9 l d'eau et arrosez les plantes tous les 15 jours.
- ⇨ **Compost :** le purin pur est un excellent accélérateur de décomposition du compost.

Engrais naturel, antiparasitaire, l'ortie donne force et santé aux plantes.

Halte aux pesticides !

La France est le premier utilisateur européen de pesticides… Or, ce n'est un secret pour personne, les molécules toxiques des engrais chimiques et produits phytosanitaires se retrouvent dans l'eau, l'air et les sols. Selon un rapport de l'Institut français de l'environnement (Ifen), 90 % des rivières et 58 % des nappes souterraines sont contaminées. Les terres agricoles et les jardins de campagne ne sont pas les seuls à porter la responsabilité de cette pollution. Les pesticides utilisés dans les parcs et jardins des villes sont entraînés vers les eaux souterraines et contaminent aussi la faune et la flore tout au long de la chaîne alimentaire, jusqu'à se retrouver dans notre eau et nos aliments. Du coup, notre santé n'est pas épargnée. D'éminents cancérologues comme Dominique Belpomme le confirment : « Certains pesticides utilisés en agriculture peuvent être à l'origine de maladies aussi graves que le cancer ou la stérilité. » Il est donc grand temps d'encourager l'utilisation de produits biologiques qui respectent autant notre santé que l'équilibre des écosystèmes.

La chasse aux ravageurs et maladies

Inutile de passer par la case Terminator pour protéger les plantes des maladies et parasites. Les insecticides peuvent avantageusement être remplacés par des pratiques écologiques, préventives ou curatives. Tout d'abord, la diversité des espèces cultivées constitue une bonne garantie contre les parasites. Les cultures associées et les engrais verts permettent d'obtenir une grande variété de plantes sur un petit espace. Quant au sol, plus on améliore sa couverture grâce au compost, au paillage et au fumier, mieux il se porte, et mieux se portent ses locataires. Les animaux auxiliaires sont aussi de formidables assistants pour le jardinier. Oiseaux, chauves-souris, lézards, hérissons, grenouilles… sont très utiles pour tenir à l'écart insectes, limaces, chenilles et souris. Mais il ne s'agit pas d'éradiquer tous les insectes, car un grand nombre d'entre eux participent activement à l'équilibre du jardin, comme la célèbre coccinelle, qui fait des pucerons son pain quotidien.

Les animaux auxiliaires, comme le hérisson, sont les meilleurs assistants du jardinier.

De l'eau dans tous ses états

Essentielle à la bonne santé du jardin, l'eau est, comme la terre, un élément incontournable. Bien que la plupart des jardins soient raccordés au réseau de la ville, les jardiniers ont vite pris l'habitude de récupérer l'eau de pluie. Et si sa quantité n'est pas toujours suffisante pour satisfaire les besoins, elle permet de préserver la ressource tout en faisant des économies. Afin d'être entièrement autonome, le jardin de Bougainville (Bordeaux) a eu recours à des méthodes qui ont fait leurs preuves depuis la nuit des temps. « Nous avons fait appel à un sourcier, raconte Florence. Il a trouvé un puits que nous avons ensuite foré avec les jardiniers. » C'est aussi un puits qui alimente l'eau du parc potager de la Crapaudine (Nantes). « Des robinets à clé permettent d'utiliser l'eau avec modération, explique Robert, et un compteur indique la consommation. Comme me l'a dit un jour un jardinier malien, "la consommation d'eau que tu obtiens en quelques minutes au robinet, moi, il me faut la journée pour l'avoir." Ça fait réfléchir… »

La plupart des jardins partagés récupèrent l'eau de pluie.

À Aniane, le jardin, d'un hectare, profite de l'eau du canal de Gignac. À la demande de l'association, la Fondation de France a financé des travaux pour enterrer un tuyau qui alimente chaque parcelle. « Nous faisons quand même attention à l'eau, affirme Bruno. Une plante qui est trop arrosée a mauvais goût de toute façon. »

Quelles que soient les techniques adoptées pour s'approvisionner en eau, les responsables des jardins veillent à ce qu'on ne gaspille pas cette précieuse ressource.

Bienvenue à la faune

Oiseaux, papillons, abeilles… Les animaux sont les bienvenus au jardin partagé. Apiculteur, Dominique a invité les abeilles au jardin de l'Aqueduc (Paris 14e) en récupérant des essaims au Père Lachaise. Avec l'autorisation de la mairie, il a installé quatre ruches, dans

Les mares sont de formidables lieux d'accueil pour la faune et de découverte d'un écosystème, pour les enfants comme pour les adultes.

un endroit bien protégé au fond du jardin. « Nous avons mis des plantes mellifères – tournesols et fleurs des champs – afin que les abeilles aient de quoi butiner, et installé une vitre sur l'une des ruches pour observer leur comportement. »

Dans ce même jardin, après trois mois de bêchage, une mare de 22 m^2 a surgi de terre, une des premières mares pédagogiques de la capitale, réalisée et gérée par un jardin partagé. Depuis, toute une vie grouille à l'intérieur et autour de ce petit plan d'eau. Au milieu des roseaux et des nénuphars, cohabitent grenouilles, poissons et insectes. Quant aux canards du parc Montsouris tout proche, ils ont trouvé là une maternité idéale pour nicher. Pour les enfants du quartier et les élèves du cours de sciences de la vie et de la terre (SVT) du collège voisin, c'est un support idéal pour la découverte de la biodiversité et des écosystèmes.

Dans le parc potager de la Crapaudine, une mare naturelle accueille, entre autres, des crapauds accoucheurs, une espèce protégée. « Au départ nous avons dû la nettoyer car elle servait de dépôt d'ordures, raconte Robert. Mais nous avons choisi de ne pas trop l'aménager afin que les oiseaux puissent nicher autour. »

Au secours des papillons

Un peu partout, on plante des roses trémières pour attirer les bourdons, des haies vives aux essences variées et rustiques qui accueillent insectes et oiseaux. Les papillons, eux, bénéficient d'un traitement de faveur, grâce au programme "Papillons et jardins" lancé par l'association Noé Conservation[33] en partenariat avec le Muséum national d'histoire naturelle. Il s'agit d'un observatoire auquel chacun peut participer en repérant les lépidoptères qui fréquentent habituellement les jardins privés ou publics en France. Il suffit ensuite de transmettre à l'association, *via* Internet, les données recueillies chaque mois, qui permettront de mettre en place des actions adaptées à la protection des papillons et de la biodiversité en général.

En Île-de-France, Graine de jardins a proposé aux jardiniers de suivre une formation avec Noé Conservation. Raphaël, du jardin partagé Charmante Petite Campagne urbaine (Paris 19e), a ainsi recensé les papillons du jardin. « La survie des papillons est préoccupante, dit-il. Dans les prairies et autres milieux herbeux d'Europe, 50 % des espèces ont disparu en quinze ans. En ville, les papillons sont peu nombreux, mais il suffit d'introduire des plantes hôtes où ils pourront se reproduire et des fleurs nectarifères qui leur permettent de se nourrir pour les voir fréquenter le jardin. » Au jardin Leroy Sème, Jacques accueille lui aussi les papillons. « J'ai planté des choux et des crucifères, les mets préférés des piérides, puis j'ai installé une cage où nous pouvons observer la métamorphose des chrysalides en papillons. »

➲ *En quinze ans, 50 % des papillons d'Europe ont disparu.*

Nicher au jardin

Pas un jardin partagé sans nichoirs. Au jardin Éco Box, ils sont même un élément essentiel du décor. « Nous avons signé une convention avec la Ligue pour la protection des oiseaux, qui nous a fourni les nichoirs, explique Véra. L'hiver, nous nourrissons les moineaux, merles, mésanges, mais aussi les pipistrelles qui ont adopté les lieux. » Ailleurs, on construit des habitats pour les insectes, comme au jardin Tourn'sol (Tournefeuille). Inspiré d'un article paru dans *Les Quatre saisons du jardin bio*, cet hôtel quatre étoiles, dessiné par les jardiniers et les enfants du centre aéré, et réalisé par les services de la mairie, offre le gîte et le couvert aux insectes utiles au jardin pour la pollinisation et la lutte contre les nuisibles. On y a déposé des bûches pour les abeilles maçonnes, des fagots de sureau dans

Les jardins partagés offrent gîte et couvert aux insectes et aux oiseaux.

lesquels les insectes pollinisateurs creusent des galeries et déposent leurs œufs, des courges en décomposition pour attirer les papillons, une grosse boîte avec aire d'envol pour les bourdons. Pour les insectes auxiliaires, on a aménagé un nid à coccinelles, de la paille pour les perce-oreilles gros mangeurs de pucerons, et des boîtes à œufs pour les chrysopes et les syrphes.

Diversité végétale, diversité humaine

La diversité végétale des jardins est souvent à l'image de la diversité des jardiniers venus des quatre coins du monde, comme au jardin Eco Box dans le quartier de la Chapelle à Paris, fréquenté par les Africains, Indiens et Asiatiques. Pas étonnant qu'il y pousse des plantes aromatiques ou médicinales originaires de ces lointains pays. Ailleurs, comme au Poireau agile, Gilles hante les terrains vagues, "véritables conservatoires de biodiversité", pour récupérer des plantes qui reprendront vie au jardin. Au jardin Clemenceau, les jardiniers n'hésitent pas à ramasser plantes et arbustes abandonnés dans la rue. Le jardin devient vite le lieu de rendez-vous des essences du monde entier. L'olivier côtoie le sapin, le parfum des roses se mêle à celui de la coriandre. Et dans cette tour de Babel végétale, les jardiniers de toutes origines apprennent eux aussi à vivre ensemble.

Les essences du monde entier se donnent rendez-vous au jardin.

CONSERVATOIRE

Un inventaire des plantes au Poireau agile

« Dis monsieur, c'est quoi cette plante ? » La question suspend chaque jour les gestes des jardiniers. Nous voulons y répondre, améliorer la connaissance des plantes auprès du plus grand nombre, montrer la diversité de notre flore et inviter à observer de plus près notre environnement.

Au jardin du Poireau agile, on répertorie toutes les espèces végétales présentes.

Le jardin partagé du Poireau agile, dans le jardin public Villemin à Paris, est cultivé en parcelles individuelles qui sont comme des micro-jardins. Chacun plante, selon ses goûts et ses envies, légumes, aromatiques, fleurs. La diversité de nos quartiers se reflète dans les plantes venues d'autres régions et d'autres continents.

Lieu de flânerie, de plaisir et de transmission, le jardin a aussi pour vocation de sensibiliser les Parisiens à la nature en dévoilant la beauté et la variété des plantes. C'est dans cette perspective que nous avons commencé un inventaire de toutes les espèces du jardin, de la bourrache au topinambour, en passant par le pavot, la courge ou la sauge… Pour l'instant, ce n'est qu'un catalogue de 150 plantes cultivées ou spontanées que l'on peut consulter sur le site du jardin[34]*. Des liens informatiques renvoient à l'encyclopédie* Tela Botanica *qui présente photos et fiches détaillées racontant l'histoire de ces plantes et leur origine. D'autres liens permettent d'accéder à des sites consacrés aux plantes médicinales et culinaires. Afin d'enrichir cet inventaire, nous le compléterons en précisant la classification – fleurs, légumes, vivaces, herbes aromatiques et arbustes –, les espèces qui attirent abeilles, papillons et oiseaux ; le mode de multiplication – végétaux issus de semis ou de plants, bulbes –, les espèces locales et celles introduites plus ou moins volontairement par l'homme – la fréquence de chaque plante ainsi que les associations végétales.*

Un jardin est un conservatoire en même temps qu'un laboratoire. C'est aussi une écriture dont l'inventaire gardera une trace durable.

Gilles Roux, président du jardin partagé Le Poireau agile (Paris 10e)

Certains font du jardin un terrain d'innovation. Au jardin des Haies partagées (Paris 20e), on a créé un parcours senteurs composé de plusieurs sortes de menthe aux parfums très différents. Dans de nombreux jardins, on installe des clôtures de haies vives qui attirent oiseaux et insectes, comme à Tourn'sol, où 80 jardiniers ont planté une dizaine d'essences adaptées au climat sec de la région : fusains, nerpruns, érables champêtres, ainsi que des variétés anciennes de poiriers, pruniers et pommiers. Le potager de la Crapaudine a lui aussi son verger de pommiers anciens. « Le jardin est une véritable réserve de biodiversité, explique Robert. Du coup, en liaison avec un comité nantais sur la biodiversité, nous allons réaliser un inventaire de la faune et de la flore du jardin. »

Un peu partout, on pratique la récupération et le troc de plantes, de boutures et de graines, et l'on expérimente de nouvelles cultures. « L'objectif, explique Bruno du jardin d'Aniane, est de se passer le plus souvent possible du magasin. Les plus militants achètent des variétés anciennes chez Kokopelli. » Une visite à l'association d'Alès a donné envie à un jardinier d'origine palestinienne de planter des graines de tomates anciennes venues de... Palestine.

En vivant au rythme du jardin, chacun prend conscience de l'importance de consommer des fruits et légumes de saison et de l'absurdité écologique de ces produits qui parcourent des milliers de kilomètres pour parvenir dans nos assiettes.

Les parrains et marraines de Kokopelli

Parce qu'un grand nombre de variétés potagères anciennes disparaissent, l'association Kokopelli propose aux jardiniers de parrainer plus d'un millier de variétés dont certaines sont pratiquement en voie d'extinction. Au fil des années, parrains et marraines conservent ces variétés et en reproduisent les semences.

Une partie des adhésions est consacrée au développement de projets dans les pays du Sud : mise en valeur de techniques d'agriculture durable par le don de semences traditionnelles et mise en place de réseaux paysans de production de semences ainsi que de centres de ressources génétiques[35].

chronique du j

Été 2004. Le jardin solidaire est devenu un vrai jardin de proximité populaire et gagne la reconnaissance des médias et des pouvoirs publics. Grâce à une subvention du Fonds social européen, une jardinière, Christine, est recrutée, tandis qu'une convention précaire de mise à disposition du terrain est signée avec la Ville de Paris. Le jardin est désormais inscrit dans le programme Main verte.

17 août. Promenade dans le jardin. Ce lieu exauce toutes ses promesses, ou c'est peut-être que je deviens animiste. La configuration du terrain a changé. Là où il n'y avait que trois mauvaises herbes auparavant, une forêt a poussé qui nous sépare maintenant du désert. Le potager a doublé de volume et dans notre square sablé, les tomates, haricots, courgettes et autres plantes mystérieuses dessinent une lisière sur le sable. Deux nouvelles fleurs de courgettes. Vive L'Éden !

rdin solidaire

À force d'explorer les alentours j'ai enfin trouvé un robinet dans un immeuble adjacent. Fini les corvées d'eau à l'arrosoir. J'ai acheté un tuyau de 40 mètres qui me permet d'arroser toutes les nouvelles plantations du jardin. Cela devient un moment ludique et j'ai tôt fait de confier l'arrosage aux enfants.

Le jardin suscite un intérêt de plus en plus grand auprès des riverains et des visiteurs. J'ai même rencontré deux nouvelles personnes prêtes à s'investir dans le jardin, Cédric et Régis. En comptant Oumar et Christine, nous formons désormais une bonne équipe régulière. Ce n'est pas trop si l'on compte les 3000 m² du terrain. […]

Horreur ! Ce matin en arpentant le jardin, je me suis aperçu que Christine a ratiboisé les buddléias jusqu'au trognon. L'effet pour le jardin est désastreux. Il y a des trous partout dans le paysage. Le pire, c'est que quand je lui demande pourquoi elle a fait ça, elle me répond que c'est comme cela que l'on procède. Je frémis en apprenant qu'elle prend des cours avec des jardiniers professionnels.

Je me suis mis à la construction d'une serre pour nos bananiers d'Éthiopie […].

Aujourd'hui, deux bonnes surprises. Un riverain nous a apporté un figuier, tandis qu'un couple qui déménage nous lègue ce qui poussait sur sa terrasse. Nous partons en expédition pour ramener les plantes. Une sorte de sapin de deux mètres descend par le treuil de l'échafaudage. […]

Christine s'est mise à fabriquer du purin avec toutes les orties du jardin. Il paraît que c'est très efficace contre les parasites.

Nous sommes invités par l'École du paysage à visiter le potager du Roi. Nous organisons la sortie pour la fin octobre avec les enfants du quartier qui fréquentent le jardin. À notre arrivée, nous sommes reçus par des élèves de l'école qui entraînent les gamins dans les immenses parterres du potager. La visite nous suggère plein de nouvelles plantes. Suit un pique-nique où ils nous expliquent dans le détail les périodes et techniques de plantation. Rendez-vous est pris pour qu'ils visitent à leur tour notre jardin.

C'est la fête au jardin, je viens d'apprendre que nous avons décroché plusieurs subventions, l'une de la Fondation de France, l'autre du Fonds social européen, et bien sûr aucune auprès de la mairie de notre arrondissement. Nous pouvons enfin envisager le jardin en grand. Cédric se lance immédiatement dans la construction d'un kiosque en bois au milieu du jardin et d'une cabane pour les enfants avec un toit végétalisé pour qu'ils ne grimpent pas dessus. Nous achetons également un équipement de musculation pour le coin des ados de la Réfo.*

Opération catalpas. J'ai le cœur qui bat. Les deux camions des pépinières Sirot viennent de se garer dans la rue des Vignoles. De leur benne couverte s'échappe le faîte de plusieurs arbres. Nous déchargeons trois catalpas, deux tulipiers de Virginie, trois bouleaux, deux pommiers palissés et un marronnier. Placés dans le jardin, ils forment une véritable forêt !

Les trois bouleaux sont installés devant le banc de musculation pour faire un mail tandis que les trois catalpas sont alignés le long de la pelouse. Nous plantons les pommiers devant les murs les plus ensoleillés et disséminons le reste dans le jardin. Cela change complètement sa physionomie. Il prend de l'altitude.

Dans mon exaltation, je touche à quelque chose de moi-même, sans doute de très ancien, que j'ai rarement l'occasion de me remémorer avec autant d'émotion qu'en suscite ce jardin. Quelque chose de mes pas s'est indéfectiblement attaché à toutes les rues de Paris que j'ai arpentées et aux jardins dans lesquels je me suis réfugié enfant. Maintenant je peux partager l'aventure de la solitude. Dans cette histoire, je me réunis. Espérons que cela continue.

À suivre p. 136

**Forêt en verlan*

La traditionnelle cabane de jardinier prend parfois des allures sauvages…

Apprentis bâtisseurs

Si le végétal a la place du prince dans les jardins partagés, les constructions d'abris, de cabanes et de toilettes sèches sont souvent l'occasion de se lancer dans des projets créatifs et écologiques.

Abris et cabanes

Le jardin Nomade peut s'enorgueillir d'avoir une cabane unique à Paris. Construite par Akaras, une association qui sensibilise les étudiants en architecture à la coopération par le biais d'un atelier expérimental européen sur la construction en terre, la cabane est en briques compressées à la main, et son toit en fibre de verre. « Quand il l'a vue, se rappelle Martin, un Malien du foyer Sonacotra du quartier nous a demandé des informations sur la machine à fabriquer ces briques pour son village. » Au jardin des Aures, c'est un large auvent qui a été entièrement éco-conçu. « Le bois est d'origine européenne, confirme Julien, et nous avons utilisé des fongicides naturels, des teintures et lasures à base de décoctions végétales. »

Dans la plupart des jardins, la cabane est aussi le QG de l'information : on y affiche les programmes de plantations, les permanences, les dates d'animations… Quand les jardiniers ont des cabanes individuelles sur leurs parcelles, d'autres lieux de rendez-vous sont créés. Comme dans les jardins de Bordeaux où une agora, à l'ombre des arbres à palabres, accueille des bancs et un barbecue collectif.

Des toits végétalisés

De nombreuses cabanes ont de drôles de toits fleuris. Pour ne pas limiter le jardinage au sol, on y a aménagé des toits végétalisés : une couche de feutre, une autre de coco, le tout recouvert de terre, et le tour est joué. L'intérêt ? Une bonne isolation thermique : il fait moins chaud en été et moins froid en hiver ; la végétation stocke du CO_2, limitant ainsi l'effet de serre ; elle retient l'eau de pluie et l'évacue par évapotranspiration, ce qui évite les problèmes de ruissellement.

Ecologiques, les toits végétalisés sont très appréciés par les oiseaux et les insectes.

Et cerise sur le toit, c'est un lieu d'accueil et un garde-manger supplémentaires pour les oiseaux et les insectes.

Des constructions insolites poussent parfois dans les jardins, comme à Wazemmes (Lille) où un jardinier, étudiant en architecture, a aménagé une ancienne cave en abri. Le toit est entièrement végétalisé à la suédoise avec de l'écorce de bouleau, et un four à pain augure de belles soirées culinaires et festives.

Le jardinage est un prétexte à autre chose : échanger avec les autres et participer à la vie du quartier. Le jardin est une mini société, un lieu de démocratie participative.

Thierry, jardin de l'Aqueduc, Paris.

Petits coins écolos

Faute de toilettes raccordées au réseau de la ville, les jardiniers ont cherché des solutions… et en ont trouvé une : fabriquer des toilettes sèches, qui alimenteront un compost. À chaque utilisation il suffit d'ajouter des matériaux riches en carbone (de la sciure, des copeaux de bois ou de la paille) pour équilibrer la forte concentration en azote des urines et des matières fécales ; ces matériaux absorbent l'humidité et limitent les odeurs tout en facilitant l'aération du compost. Tous les jardins de Lille en sont équipés et ceux de Tourn'sol s'y sont mis. « Quand on leur a parlé de toilettes sèches, les jardiniers ont bien rigolé, raconte Dominique. Il a fallu un an pour les convaincre. On a commencé par en louer un pendant un mois. Tout le monde a trouvé que ça fonctionnait bien, alors on en a loué un second avant d'en construire nous-mêmes. La poubelle est vidée dans un composteur et ne dégage aucune odeur. » Ce compost, dont la dégradation est plus longue que celle d'un compost végétal, est utilisé pour les plantes d'ornement plutôt que pour le potager. À Paris, les premières toilettes sèches, fabriquées par l'Apij-BAT[36], une structure de Saint-Denis qui allie insertion et éco-construction, ont été « inaugurées » dans le jardin partagé du "56" (56 rue Saint-Blaise, Paris 20e). Et voilà comment, à partir de déchets, on crée une ressource. Cette solution économique a l'avantage de préserver l'eau, car chaque fois que l'on tire la chasse, 10 à 12 l d'eau potable sont gaspillés, ne représentant pas moins de 35 % de notre facture !

Apprendre l'environnement

Compostage, récupération de l'eau de pluie, utilisation d'engrais et d'insecticides naturels sont autant d'occasions d'aborder la question des déchets, de l'épuisement des ressources, de la pollution. Des portes d'entrée qui conduisent naturellement aux activités d'éducation à l'environnement auprès des adultes et des enfants.

Il ne s'agit pas de donner des cours. « Avec les enfants, il faut semer, cultiver et récolter de façon presque simultanée, explique Jacques du Jardin Leroy Sème, car l'enfant vit l'instant présent. Il doit avoir une idée du jardin du début à la fin. Il ne faut pas l'encadrer, mais le laisser butiner, divaguer et se raconter des histoires. »

Jardiniers en herbe

Aux Jardins du béton Saint-Blaise (Paris 20e), les enfants du centre de loisirs et du centre d'hébergement se retrouvent le mercredi pour des ateliers de jardinage. « C'est un moment où l'on apprend à vivre en groupe, à s'écouter, à réfléchir ensemble, explique Valéric. Les enfants s'amusent à reconnaître les fruits et les graines, découvrent comment se nourrit une plante, comment économiser l'eau, trier les déchets pour leur recyclage… » Les petits des crèches et des centres de loisirs viennent prendre leur goûter au jardin des Maguettes (Lille), et les élèves d'une école primaire y ont appris l'art du compost, qu'ils ont ensuite mis en pratique dans leur école. « On leur a aussi montré comment fabriquer une couche chaude en creusant un trou que l'on recouvre de feuilles mortes, de fumier, de terreau et d'un Velux, précise Olivia. Un procédé qui permet de faire des semis sans avoir besoin de serre. »

Le jardinage est un bon support pour les activités d'éducation à l'environnement.

Un mini-potager pédagogique fleurit au jardin Saint-Serge (Paris 19e). Pourquoi mini ? Tout simplement parce que le jardin manque de soleil et qu'il n'est pas facile de faire pousser des légumes à l'ombre. « Nous veillons à ce qu'il y ait toujours un pied de tomates, des courges, quelques salades, assure Jean-Paul, histoire de montrer aux enfants que les légumes ne poussent pas dans les supermarchés. » Dans ce jardin, Jean-Paul a également créé une horloge de Linné. Le célèbre botaniste suédois avait observé que les fleurs s'ouvraient et se fermaient à des heures précises de la journée et de la nuit, tel le volubilis qui s'ouvre à 3 heures du matin, le nénuphar blanc à 7 heures, le souci à 9 heures. Linné avait composé un parterre de fleurs qu'il avait appelé son "horloge florale".

Aux Jardins passagers, chaque enfant tire au sort un petit papier sur lequel est inscrit le nom d'une plante. « Pendant toute la saison de jardinage, il suit le parcours de "sa" plante, de la graine au fruit, et du fruit à la graine, explique Marc, qui constate chaque année le succès de ce jeu. On nous a raconté qu'un enfant qui avait joué au jeu de la plante chez nous avait épaté ses parents le jour où, se promenant dans un autre jardin partagé, il avait su nommer une dizaine de plantes ! »

Jardin partagé : une école de vie

Que l'on préfère parler d'éducation à l'environnement vers un développement durable ou d'éducation au développement durable, une chose est sûre, nous sommes tous – individuellement et collectivement – confrontés à l'incertitude de l'avenir de notre planète. L'éducation à l'environnement est un outil pour appréhender les problématiques liées à cette vérité qui dérange… Elle explore les relations de l'homme avec son milieu, s'appuie sur le respect de la vie et des équilibres naturels, de la diversité, de la liberté et de l'épanouissement de chacun, petit ou grand. Les jardins partagés sont un terrain d'expérimentation idéal pour mettre en pratique cette éducation à l'environnement.

Une Terre plus verte vue du jardin

Dès qu'un projet de jardin partagé est lancé, c'est naturellement que l'éducation à l'environnement pointe son nez. Souvent, tel Monsieur Jourdain, les jardiniers la pratiquent sans le savoir.

Concevoir à plusieurs l'aménagement d'un jardin amène à découvrir le terrain et le quartier qui l'entoure, et suppose de se concerter pour aboutir à un projet commun. S'orientera-t-on vers un jardin léché et tiré au cordeau ou laissera-t-on de la place aux herbes folles et à la petite faune sauvage ? Quel type de jardinage y pratiquera-t-on ? Quelle place sera laissée aux plates-bandes, à la détente, aux activités culturelles, au "vivre ensemble" ? La parcelle est une page blanche ouverte à tous les possibles. Écosystème relativement simple, le jardin est composé d'un sol, de plantes et d'animaux. Il est aisé de voir ce que l'on y apporte : de l'eau, des graines, des plants, des engrais parfois, et ce qui en sort : des récoltes, des déchets verts… Les jardiniers deviennent attentifs à tous les rouages qui font fonctionner cet écosystème au rythme des saisons et inventent des dispositifs qui le préserveront au mieux : récupérer l'eau de pluie, ne pas utiliser de pesticides et d'engrais chimiques, planter des végétaux enrichissant la biodiversité, pratiquer le compostage, etc.

Loin des salles de classe et des cours magistraux, le jardin est aussi un formidable outil pédagogique pour les enfants. Ils y découvrent le monde vivant par eux-mêmes et apprennent de façon ludique les mathématiques et le français, les arts et les sciences.

Des partenaires – enseignant, animateur, agent territorial – souvent associés à la démarche permettent de rattacher le jardin partagé à un projet local plus vaste et à chacun de s'approprier collectivement la ville.

Antoine Cassard, administrateur du Graine Île-de-France,
chargé de projets environnement à la mairie de Paris

Marier art et environnement

Dans certains jardins, l'éducation à l'environnement prend des chemins détournés, comme à Aniane où un artiste est invité deux fois par an pour animer des ateliers de *land art* avec les jeunes jardiniers. Au jardin Tourn'sol, ce sont des parcelles en forme d'ailes de moulin et de pétales de fleurs qui ont été créées pour les enfants du quartier et ceux des centres de loisirs et de la crèche. « Ces enfants n'avaient jamais eu l'occasion de toucher la terre, explique Christelle, l'animatrice du centre de loisirs. Ils ont semé des salades, des radis et des plantes aromatiques. Ils ont même fait un petit compost avec les "mauvaises" herbes du jardin. »

Se nourrir comme on nourrit la terre

Dans les jardins d'insertion sociale, qui accueillent des personnes en difficulté, comme à Brest, à Lyon, aux Jardins du béton Saint-Blaise à Paris, ou au jardin de Bougainville à Bordeaux, le jardinage est prétexte à des discussions sur l'alimentation et la santé. « Certains jardiniers se nourrissent mal, faute de moyens et de savoirs, explique Florence. En jardinant bio et en mangeant régulièrement des fruits et légumes du jardin, ils apprennent à apprécier la qualité des aliments. »

Le jardin des (Re)trouvailles (Lille) : l'art s'invite au jardin.

graine de citoyenneté

« Le jardin est un espace commun que les citoyens se réapproprient sur la ville, un espace où ils peuvent souffler, se rencontrer, créer du lien social. C'est un lieu de liberté et de convivialité. » Les propos d'Élise, du jardin Leroy Sème (Paris 20e), résument bien l'esprit qui anime les jardins partagés. Lien au vivant, le jardin rassemble autour de lui des personnes qui gardent en elles le souvenir d'un jardin d'enfance. Cette madeleine de Proust, enfouie parfois au plus profond de soi, resurgit chez de nombreux jardiniers. Si ce souvenir a des formes, des couleurs et des saveurs différentes pour chacun, il permet de réunir les jardiniers dans un projet commun et de transcender les barrières sociales et culturelles, si prégnantes dans notre société.

Au-delà de ce "tronc" commun, reste à faire vivre un jardin qu'il faudra partager avec les autres. Comme le dit une responsable associative, « le collectif, ça ne va pas de soi ! » Le jardin est un laboratoire humain, il n'est pas formé d'une seule souche, mais de multiples racines qui se croisent et s'entrecroisent comme un rhizome. On y rencontre des jeunes et des vieux, des riches et des pauvres, des bobos et des prolos, des Blancs, des Blacks, des Asiatiques et des Beurs. Tous les jardiniers n'ont pas la même histoire, les mêmes besoins, les mêmes désirs. Mais les jardins sont un formidable terreau pour rendre la ville moins hostile et pour développer des valeurs d'entraide et de solidarité qui ont tendance à se diluer, voire à se perdre, dans le minéral urbain. Une belle utopie qui fonctionne… malgré tout.

Aux herbes, citoyens !

À n'en pas douter, les jardins transforment la vie des habitants, et plus encore quand ces derniers se mobilisent pendant des années pour leur création. C'est ainsi que les jardiniers du parc Clemenceau (Montpellier) ont, pendant près de cinq ans, lutté contre un projet immobilier qui devait surgir là où eux voulaient un jardin. Au final, leur cause a été entendue, et cette action de résistance a été, et est toujours, un véritable ciment entre les résidents du quartier.

Construire ensemble

S'impliquer dans la création d'un jardin partagé conduit souvent les habitants à prendre conscience de leur rôle de citoyen. Dès lors qu'ils osent prendre la parole, émettre des opinions, être force de propositions, ils prennent confiance en eux, et c'est tout naturellement qu'ils (re)deviennent des acteurs à part entière de la société. Celles et ceux qui ont participé aux réunions de concertation pour monter les projets de jardins d'insertion sociale de Bordeaux peuvent en témoigner. « C'est un apprentissage citoyen, confirme Franck de l'association SaluTerre. Les décisions sont collectives et se prennent sur la base du consensus et du compromis. Ce sont les habitants qui décident de la surface des parcelles, qui fixent le montant de la cotisation, le programme des animations et les règles de fonctionnement. » Ce temps de la concertation n'est pas un simple droit de consultation, mais bien un droit de décision, qui réveille parfois une envie de s'impliquer dans la cité.

Pour les habitants, participer à la création d'un jardin est un apprentissage citoyen.

À Lyon, la démarche de l'association le Passe-Jardins n'est pas éloignée de celle de Bordeaux. « Il s'agit de promouvoir une forte gestion participative en tenant compte des besoins de chacun, souligne Catherine. Il faut laisser les gens se saisir de leur territoire. » Le jardin est un défi collectif : celui de faire ensemble et de partager dans une société de plus en plus individualiste. C'est bien l'avis d'Évelyne, du jardin Brin d'Guill dans le quartier de la Guillotière à Lyon, pour qui le jardin est « un lieu qui réveille l'espèce humaine, un lieu canaille qui permet aux habitants d'intervenir sur des terrains habituellement réservés à ceux qui gèrent l'espace public. Avec les jardins, on s'occupe de petites choses et c'est un grand plus. »

S'approprier l'espace public sans le privatiser, oser franchir les portes des institutions pour négocier avec les élus une parcelle de terrain, construire ensemble un projet en respectant la parole des uns et des autres… Autant d'étapes qui changent le simple citoyen en acteur de sa ville et de sa vie. « Les jardins modifient le regard des habitants sur la ville, leur capacité à agir sur leur environnement », confirme René, des Ajonc (Lille).

À l'emplacement du jardin de Pontanezen, le premier jardin collectif de Brest, la ville voulait construire un parking. La volonté des résidents en a décidé autrement. Lors des réunions Cadre de vie, ils ont tous refusé le projet et voté pour la création d'un jardin. Gisèle a participé à son aménagement et consacre de longues heures à jardiner. Elle a même dépassé les frontières du jardin. De sa propre initiative, elle a planté des fleurs sur la bande de pelouse qui longe son immeuble. D'autres résidents n'ont pas tardé à en faire autant, comme Fanche qui a carrément créé un petit jardin sous ses fenêtres. Dans la ville, les jardins essaiment là où l'on s'y attend le moins. « J'ai décidé de fleurir le pied des arbres devant chez moi, raconte Monique. Ma voisine m'a imitée, puis la rue d'à côté. Bientôt, c'est tout le quartier qui sera contaminé ! » Des espaces informels, entièrement autogérés, fleurissent un peu partout, sans que personne ne s'y oppose. Jusqu'où iront-ils se nicher ?

A Pontanezen (Brest), le jardin essaime au-delà de ses limites.

À la rencontre de soi et de l'autre

Le brassage d'âges, de cultures et de milieux sociaux modifie souvent le regard des jardiniers sur les autres, comme sur eux-mêmes. Après avoir visité tous les jardins de Lille, Christine a déposé ses valises aux Maguettes. « Au chômage depuis plusieurs années, raconte-t-elle, j'ai suivi une formation où je n'ai rencontré que des gens qui étaient dans la compétition. J'ai ensuite participé à un atelier d'écriture avec des intellos qui me regardaient de haut. Quand j'ai découvert les jardins communautaires, ma vie a changé. Tout le monde m'a acceptée comme j'étais. Depuis, j'écris, je peins, je dessine, je sculpte… je crée ! »

« Quand j'ai découvert les jardins communautaires, ma vie a changé. » Christine (Lille).

Le Jardin secret – un espace en ruine qui jouxte le jardin des (Re) trouvailles – donne chaque mois carte verte à un artiste. Ce mois-ci, c'est à Christine que l'on a confié les lieux. Elle y raconte son histoire avec poésie et émotion, à travers objets de récupération, installations et peintures. « Je suis dans un réseau où j'ai trouvé ma place, avec des gens qui ont la même vision du monde. Je pensais avoir des idées utopiques, mais je me rends compte que ces idées sont réalisables, et que d'autres les partagent. Dans les jardins, on cultive de l'amitié, des liens profonds, c'est une communauté, mais qui n'est pas sectaire. »

Tisser des liens

Le jardin franchit souvent les limites du quartier, dans une volonté de favoriser le mélange des populations. C'est le cas du jardin En cours de route (Nantes), entouré de logements sociaux, qui accueille des habitants qui ne sont pas du coin. « Le but premier du jardin est de faire bouger le quartier, explique Cyril, de permettre aux gens de se rencontrer, de participer à des activités, aussi simples que des concours de pétanque ou de belote. » Au potager de la Crapaudine (Nantes), le *melting pot* fonctionne bien aussi. Dès sa création, l'association a voulu cultiver les échanges entre les habitants de la cité du clos Toreau, dite "sensible", et ceux de la zone pavillonnaire.

Mixité…

Favoriser la mixité pour créer des liens entre les habitants des pavillons résidentiels et ceux qui vivent dans des logements collectifs, tel est l'objectif affiché du jardin Tourn'sol. « Le jardin accueille des personnes de toutes catégories sociales, confirme Dominique. Elles se retrouvent pour jardiner, mais aussi lors des repas de quartier, de la bourse d'échange au printemps ou encore à l'occasion du vide-grenier à l'automne. » Pour aller plus loin, le jardin a tissé des partenariats avec des associations locales comme le Secours catholique, le Secours populaire, l'Amap, le cinéma d'art et d'essai l'Utopia où sont organisés des projections-débats et des cafés botaniques.

À Brest, le jardin de Pontanezen a été créé en plein cœur d'une cité HLM de 4000 habitants. Ce petit bout de terre est devenu un lieu passerelle qui a transformé la cité. « Il y a un grand mélange de cultures, dans tous les sens du mot, raconte Michèle. Chacun fait pousser les plantes de son pays, c'est une manière de voyager, de découvrir d'autres modes de vie et de faire tomber les barrières entre les gens. »

Jardin de l'Aqueduc à Paris. La mixité sociale et culturelle des jardins reflète celle des quartiers.

Depuis qu'elle est à la retraite, Monique butine de jardin en jardin, participe à toutes les fêtes, répond présente dès qu'un projet s'élabore. « En ce moment, j'apprends le portugais car il y a une forte communauté portugaise à Brest. L'an prochain, je descendrai au Portugal avec un petit groupe de jardiniers, à bord d'un fourgon équipé d'une remorque-jardin. Nous nous arrêterons dans les jardins partagés de France, d'Espagne et du Portugal et, une fois arrivés, nous planterons nos artichauts et choux-fleurs de Bretagne dans un jardin portugais. »

Amap : du producteur au consommateur

Les Associations pour le maintien d'une agriculture paysanne (Amap) sont des partenariats de proximité entre un groupe de consommateurs et un agriculteur, souvent situé en zone périurbaine, qui leur livre chaque semaine des paniers de produits frais. Cette forme d'économie locale a un double avantage, social et solidaire : les consommateurs partagent avec le producteur les risques et les bénéfices liés à l'activité agricole, le prix de la souscription est fixé en fonction des coûts réels de production et non des cours du marché, et l'achat à l'avance garantit un revenu à l'agriculteur. Les Amap permettent ainsi le maintien de l'emploi agricole, et l'installation de jeunes agriculteurs à moindre coût. Elles facilitent également le passage de modes de production conventionnels à des modes de production agroécologiques.

D'autres initiatives fonctionnent comme les Amap avec des adhérents « consom'acteurs ». C'est le cas notamment du réseau Cocagne qui privilégie le maraîchage bio et l'insertion des personnes en difficulté[37].

Les Amap livrent chaque semaine des paniers de produits frais aux consommateurs.

J'aime être acteur de la ville, participer à son aménagement sans toujours demander aux élus de le faire pour nous.

Olivia, jardin des Maguettes Lille.

… et solidarité

Dans de nombreux jardins, la mixité sociale et culturelle reflète celle du quartier, à l'image du jardin Éco Box, situé dans un quartier de Paris où vivent des immigrés du monde entier. « C'est le village d'Éco Box, lance Véra, c'est un espace social et solidaire. Quand une famille a des problèmes, les autres s'en inquiètent et cherchent ensemble des solutions. » Au Jardin solidaire (Paris 20e), l'énorme investissement bénévole de Cédric, Régis et Olivier a offert aux enfants et adolescents des espaces de jeux, des ateliers artistiques et de jardinage, sans oublier l'aide aux devoirs. « Rien n'est à prendre, tout est à partager », pouvait-on lire sur l'un des murs du jardin. Bien qu'il soit aujourd'hui fermé, ce jardin a laissé une marque durable dans la mémoire locale, car il a permis à toutes les générations et à toutes les cultures présentes dans le quartier, et bien au-delà, de se rencontrer.

Échanger, partager, s'entraider, tel est bien le but inavoué des jardins. Au-delà de l'enceinte du jardin, c'est avec les acteurs du quartier que les jardiniers veulent créer des relations. Aux Haies partagées (Paris 20e), ce sont les gardiens du square voisin Casque-d'Or qui ouvrent et ferment les portes du jardin en l'absence des jardiniers. « On leur a expliqué comment fonctionne le jardin, précise Olivier, car, en plus des permanences, nous voulons qu'il soit ouvert tous les jours. Pas question de privatiser l'espace public. Notre volonté de travailler avec les gardiens est également sous-tendue par les conflits auxquels ils sont parfois confrontés. En cas de problème, ils peuvent compter sur nous pour les aider. »

Toutes les générations se retrouvent au jardin (parc Clemenceau à Montpellier).

Des rencontres entre les générations

La solidarité joue aussi entre les générations. Dans la plupart des jardins, jeunes et vieux cultivent la complicité. Les anciens sont souvent pleins de bienveillance face à ces petits urbains qui grandissent au milieu du béton et n'ont aucun lien avec la terre. Ils sont fiers de leur transmettre leur savoir comme le feraient des grands-parents, et heureux d'avoir un rôle à jouer auprès des jeunes générations. Mais cette image d'Épinal a aussi ses zones d'ombre. Les enfants sont parfois perçus comme des éléments perturbateurs : ils sont bruyants, jouent au ballon au risque d'abîmer les plantations… Autant de raisons pour qu'ils ne soient pas admis dans l'enceinte du jardin. Au potager de la Crapaudine, l'association a décidé d'en finir avec ces conflits entre les générations. « Nous avons mené une enquête auprès des nounous du quartier pour savoir si elles souhaitaient qu'on installe des jeux dans le jardin, se souvient Robert. Leur réponse étant positive, on leur a fait signer une pétition que l'on a envoyée à la mairie. Celle-ci a lancé une concertation auprès des habitants et de l'école. Aujourd'hui, il y a des balançoires pour les petits, et comme elles sont installées près de ma parcelle, les jardiniers ont accepté la présence des enfants. »

Accueillir les personnes en difficulté

Les Jardins du béton Saint-Blaise, à Paris, sont une fenêtre sur la vie pour des femmes et des hommes qui viennent s'y ressourcer.

Les jardins partagés poussent un peu partout sur le bitume des villes. Certains voient le jour dans des quartiers chics, d'autres sont implantés dans des quartiers où la population vit dans la précarité, en mal d'emploi et de logements décents. Dans ces quartiers, des enfants ont fait de la rue leur terrain de jeu, et les plus grands flirtent parfois avec l'illicite. Certains jardins ont décidé de ne pas laisser ces jeunes et ces moins jeunes sur le bord du trottoir. C'est pour cette raison que les responsables des Haies partagées se sont formés avec un infirmier psy. « Certaines personnes du quartier ont des comportements violents, liés entre autres à l'alcool et à la drogue. Nous refusons de les ignorer, mais nous avions besoin d'outils pour communiquer avec eux et savoir comment faire face à des situations de conflit. Notre objectif est de les impliquer dans des activités qui répondent à leurs besoins, leurs envies. Pas question d'imposer quoi que ce soit, il ne s'agit pas de faire "pour" une population, mais de faire "avec". On s'est rendu compte que lorsqu'on s'occupait des petits, on obtenait le respect des grands frères. Ce sont eux ensuite qui viennent nous chercher quand ils ont des problèmes de logement, d'emploi, ils nous font confiance. »

Du rififi dans le potager !

Les jardins partagés, un territoire où régneraient la paix sociale et l'entraide ? Comme ailleurs, tensions et conflits fleurissent aussi dans les jardins. On y rencontre des tyrans horticoles qui, persuadés qu'il n'existe qu'une seule façon de jardiner, la leur, veulent à tout prix que les autres suivent leurs conseils, quitte à intervenir dans leurs plantations au cas où ils n'auraient pas compris la leçon.

Dans un autre registre, les jardiniers-cueilleurs matinaux ne laissent aucune chance aux autres de goûter les fraises mûres, mais finissent généralement par se faire pincer… Avis aux amateurs.

Ne parlons pas des débats qui animent les ardents défenseurs de la parcelle individuelle face aux zélés promoteurs du tout-collectif, ni de ceux qui opposent les partisans de la bière pour noyer les limaces aux adeptes des bons vieux granulés. Pendant qu'ils se disputent, les limaces ont le temps de faire la fête.

Et si l'on construisait une mare pédagogique ? Et pourquoi pas installer une ruche ? Et végétaliser le toit de la cabane ? Face à l'enthousiasme débordant de certains, d'autres pensent tout bas « Et puis quoi encore ? Je suis venu jardiner, pas faire des travaux. »

Les enfants sont aussi un délicieux sujet de dispute. Faut-il les accueillir ou leur interdire l'accès du jardin s'ils ne sont pas accompagnés ? Et jusqu'à quel âge la mesure est-elle valable ? Où installer la parcelle pédagogique ? Certains brandissent leur droit au calme tandis que d'autres se font les porte-parole de la jeunesse urbaine privée de nature…

Être heureux au jardin : personne ne connaît la recette. C'est peut-être qu'il y en a plusieurs ?

Des lieux d'insertion

Pour ceux qui ne trouvent pas leur place dans la société, le jardin peut devenir un véritable tremplin. Lieu de réadaptation et de réinsertion, le jardin de Bougainville (Bordeaux) accueille une dizaine de personnes qui travaillent 26 heures par semaine, de mai à novembre, rémunérées sur la base du Smic. « Le jardin permet de reprendre confiance en soi, de retrouver de l'énergie à travers de petits gestes qui vont redonner vie au jardin comme à soi-même, confirme Florence, éducatrice technique de l'association Les Jardins d'aujourd'hui. Quand ils arrivent, les nouveaux jardiniers n'osent pas parler. Au fil du temps, les langues se délient et chacun exprime librement ses sentiments, ses désirs... parfois même un peu trop ! »

Au jardin Tourn'sol, c'est un chantier d'insertion, en partenariat avec la mairie et le centre d'action sociale, qui a permis de redonner leur chance à douze jeunes en difficulté. Encadrés par un technicien, ils ont installé l'eau dans les cabanons, fabriqué des pergolas et des tables. Trois d'entre eux ont trouvé du travail grâce à ce chantier. Avec l'association Appel d'air, qui travaille avec la Protection judiciaire de la jeunesse, le jardin des Aures a monté un chantier avec des jeunes. « Ils ont construit un auvent en bois qui leur a permis de découvrir les métiers du bois et de la ferronnerie », raconte Julien. Toujours aux Aures, un jardi-banc a été réalisé dans le cadre de travaux d'intérêt général. Inventé par le Jardin solidaire à Paris, le jardi-banc permet aux enfants de s'asseoir comme sur n'importe quel banc, mais aussi de jardiner, à genoux, sur le dossier du banc rempli de terre.

S'occuper des jeunes d'un côté, accueillir les anciens de l'autre, les jardins partagés ont la volonté de n'oublier personne. Le jardin de l'Envol, dans le quartier des Minguettes (Vénissieux), est fréquenté par une dizaine de retraités comme Nicole et Joëlle, anciennes institutrices de l'école voisine. « Au début, quand on est à la retraite, on est content de ne plus aller travailler. Puis, très vite, on déprime, reconnaît Nicole. Nous aussi on est en réinsertion, on a besoin de projets, et le jardin est un vrai projet qui nous motive pour nous lever le matin. »

Lutter contre l'exclusion

Pour certains, le jardin est devenu une fenêtre sur la vie sans laquelle ils partiraient à la dérive. Les Jardins du béton Saint-Blaise (Paris 20e), premier jardin d'insertion sociale de la capitale, accueille des femmes et des hommes en grande difficulté. « Grâce au jardin, je ne reste plus enfermée chez moi, reconnaît Viviane, je rencontre des gens, je me fais des amis et j'oublie mes problèmes. » Jean-Michel, lui, fréquente le jardin depuis 1999. « Ici, on a le droit de ne rien faire, de rester assis, de fumer une cigarette en rêvant. Quand je ne viens pas, je déprime. » Tous l'affirment : le jardin les aide à vivre, à sortir de chez eux pour aller gratter la terre, mais surtout pour retrouver des personnes qui, par leur simple présence, leur font oublier leur mal de vivre. « On discute, on partage, on échange, on s'entraide, on se donne des conseils, raconte Micheline. Le jardin m'a fait retrouver le lien avec la nature, mais surtout avec les autres. » Sans préméditation, presque à son insu, le jardin produit bien d'autres choses que des fruits et des légumes. À partir du jardinage, des idées germent. Deux mois après son arrivée, Mohamed projette de créer un journal. « Viviane y publiera ses recettes de cuisine, Micheline ses poèmes, on expliquera aux lecteurs comment on jardine sur des terrasses en béton au 4e étage d'une cité HLM. Christian, qui s'y connaît en informatique, réalisera le journal. Ce sera un journal partagé ! C'est ce qui me plaît ici, partager des idées nouvelles, des mots, de l'amour : c'est de l'intelligence collective. »

Créé au jardin Solidaire, le jardi-banc a inspiré d'autres jardins partagés de France.

Pour accueillir tout le monde, le jardin, mais aussi les outils, le cabanon et les toilettes doivent être accessibles.

Faciliter l'accessibilité du jardin

Dans l'Antiquité, les Égyptiens recommandaient à leurs patients de se promener dans les jardins pour hâter leur guérison. L'hortithérapie, ou thérapie par le jardinage, était née. Grâce au jardinage, au contact de la terre et du vivant, les maux du corps et de l'âme s'apaisent. Les personnes âgées ou handicapées renouent avec une activité, retrouvent leurs forces, une reconnaissance, un équilibre, et vivent des émotions nouvelles.

Les plus avancés dans l'aménagement des jardins accessibles à tous sont sans doute les jardins partagés de Lyon. « Nous mettons en œuvre la haute qualité d'usage (HQU), expliquent Béatrice et Catherine du Passe-Jardins : on aménage le jardin pour les handicapés physiques, mais aussi pour les personnes âgées ou simplement ceux qui souffrent du dos. C'est l'accessibilité du lieu, tout comme celle des outils, du cabanon, des toilettes, qui doit être pensée pour pouvoir accueillir tout le monde. » La HQU, élaborée par l'urbaniste-architecte Régis Herbin, est « une méthode de gestion de projet centrée sur la qualité et le développement de l'ensemble des conforts d'usage au service de tous les usagers [...]. Il s'agit de donner droit de cité à chacun, quelles que soient ses différences. » Ainsi, au jardin de l'Envol, dans le quartier des Minguettes (Vénissieux), l'allée a été aménagée pour les fauteuils roulants, permettant entre autres à un jeune, victime d'un accident de ski, de jardiner. « Le jardinage, autant que les relations qu'il a nouées, se souvient Gersivan, l'animateur du jardin, lui ont redonné confiance en lui. Cette année, il a retrouvé un emploi. Il n'a plus le temps de jardiner, mais il participe toujours aux animations. »

À Meyzieu, dans la banlieue de Lyon, le jardin de l'Arimc (Association régionale des infirmes moteurs cérébraux) a été aménagé pour les personnes handicapées qui vivent au centre ou viennent y passer la journée pour des soins. Les fauteuils circulent sans encombre sur l'allée, fabriquée à partir de la récupération des caisses en bois de la balnéothérapie du centre. Des bacs surélevés construits à l'aide de palettes et de planches permettent au jardinier, en glissant son fauteuil dessous, de travailler confortablement. Le jet est adapté et il suffit d'appuyer sur une manette pour ouvrir l'eau. Les quinze jardiniers décident collectivement des plantations. Mais chacun peut réaliser ses envies dans un coin du jardin ou dans un bac du jardin en carrés. Xavier a planté des tournesols géants, Lionel des fraisiers et Benjamin des tomates et des concombres. « Je viens tous les jours, raconte Lionel, j'aime arroser les plantes et transplanter les boutures. C'est un jardin de rêve. »

Jardin en carrés

Inventé aux États-Unis par Mel Bartholomew, le jardin en carrés a été adapté au goût français par Éric Prédine et Jean-Paul Collaert. Ce jardin miniature, qui peut tenir sur un balcon, est à la portée de tous. Il suffit de quatre planches de 1,20 m assemblées en carré, et d'une bâche remplie de terre partagée en quatre cases par des branches droites ou de la corde. Ce jardin de poche a de multiples avantages: il permet de cultiver plusieurs variétés de légumes sur une petite surface, et donc d'enchaîner les récoltes; désherbage et entretien sont rapides; les besoins en engrais et en eau sont limités, et, *last but not least*, les insecticides sont inutiles du fait de la vitesse des rotations et du recours aux plantes associées.

Quatre planches suffisent pour installer ce jardin de poche.

Qu'ils jardinent ou non, les résidents de l'Arimc ressentent les bienfaits de leur petit coin fleuri. Christian, qui ne peut s'exprimer par la parole, aime se mettre à l'ombre des arbres et regarder le jardin. « Je ne peux pas faire de jardinage, écrit-il, je me repose, j'écoute les oiseaux. Parfois je dors. Je suis libre comme l'air. » Loin d'être isolés du monde, les jardiniers de l'Arimc ont de multiples contacts avec l'extérieur. À commencer par les jardiniers des jardins familiaux attenants au centre. « Ils s'échangent des plantes, explique Pascale, l'aide-soignante, ils discutent et partagent parfois un repas ensemble. » De nombreuses personnes viennent visiter le jardin, et des sorties sont programmées tout au long de l'année. « Grâce au partenariat avec le Passe-Jardins, confirme Pascale, on visite d'autres jardins, des expositions florales. En 2006, un film, *Dans le tomatier des rêves*, a même été tourné avec les jardiniers de l'Arimc. »

Je voudrais tellement participer physiquement au jardin, mais mon handicap ne me le permet pas. Je suis surpris que le jardin me laisse cette possibilité d'être simplement présent.

Alain, jardin de l'Arimc, Meyzieu.

Accueillir tous les publics

Depuis sa création, le potager de la Crapaudine accueille deux personnes souffrant d'un handicap mental. Sollicité par le chef de service du centre d'aide par le travail (CAT), le bureau de l'association n'a pas hésité à leur confier une parcelle. « On les a accompagnés pour qu'ils soient intégrés au jardin et deviennent autonomes. Aujourd'hui, on leur donne parfois un coup de main, raconte Robert, mais globalement, ils se débrouillent très bien seuls. » Parallèlement, la Crapaudine reçoit un groupe d'enfants handicapés moteurs qui viennent jardiner accompagnés par des jeunes qui n'ont pas de handicap. De son côté, le jardin des Aures s'apprête à recevoir de jeunes autistes qui viendront jardiner avec les enfants du collège voisin. Quant aux Jardins de l'espérance (La Ciotat), ils ont créé un abécédaire du toucher et des senteurs, destiné aux jardiniers malvoyants et non-voyants. Un parcours où chaque plante porte une étiquette déclinant son identité, en clair et en braille. Aujourd'hui, l'abécédaire a essaimé dans les jardins du parc Bortoli et de l'institut Arc-en-ciel à Marseille.

Dans la plupart des jardins, la question de l'accueil des publics "différents" reste toutefois assez difficile à gérer. « On avait prévu d'acheter cinq tables adaptées, explique Gilles du Poireau agile, mais c'est un trop gros budget. On a fabriqué un bac surélevé pour une personne qui est venue de temps en temps, mais le groupe a eu du mal à l'intégrer. En revanche, de jeunes adolescents d'une association de handicapés mentaux jardinent régulièrement avec leur éducateur. Ce sont eux qui décident des plantations et qui gèrent entièrement leur parcelle. »

Sans encadrement, les personnes handicapées n'osent peut-être pas franchir les grilles du jardin. Le jardin Tourn'sol est accessible aux personnes en fauteuil roulant, et de grands bacs leur permettent de jardiner. Mais faute de candidats pour l'instant, ce sont les enfants qui s'en occupent.

Au jardin de l'Arimc (Meyzieu), tout est adapté pour permettre aux personnes handicapées de jardiner.

« Les bacs que nous avons installés sont peut-être mal placés, trop en vue, s'interroge Martin du jardin Nomade. Nous avons sollicité la maison de retraite pour inviter les personnes âgées à jardiner, mais nous n'avons pas eu beaucoup d'échos. Seules une ou deux mamies du quartier passent quelquefois au jardin, davantage pour discuter que pour jardiner. L'objectif, c'est qu'elles viennent, peu importe le motif ! »

Malgré les tentatives infructueuses, l'important est sans doute la volonté des jardins partagés d'accueillir ces publics « différents ». Et de petits miracles ont parfois lieu, comme au jardin de l'Aqueduc (Paris 14e) où des parcelles sont réservées à des enfants et adultes handicapés physiques et mentaux. « Un des enfants s'est lié d'amitié avec moi, raconte Samantha. Il ne parlait pas. Un jour, avec un grand sourire, il m'a appelée "ma copine". »

Des jardins partagés accessibles à tous

Créateur de lien social, le jardin partagé est un lieu de rencontre et de partage qui se doit d'être accessible à tous, aux personnes en situation de handicap temporaire ou permanent, comme à celles auxquelles les fatigues de l'âge rendent difficile l'accès au jardin et au jardinage. « Les barrières matérielles à l'accessibilité ont un important pouvoir symbolique, tant pour les citoyens handicapés que pour les autres : les projets dont la conception tient compte des besoins des premiers s'avèrent également plus adaptés aux attentes de la "moyenne générale" de la population[38] », écrit Charles Gardou, président-fondateur du Conseil national du handicap. Pour les jardins partagés, l'enjeu est donc bien de créer des espaces accessibles à tous, quels que soient l'âge, l'origine sociale et culturelle ou le handicap. Le jardinage y est avant tout un loisir basé sur les notions de désir et de plaisir.

Améliorer la qualité d'usage

Conçu, construit et cultivé collectivement par les habitants, le jardin partagé tient compte de l'ensemble des usagers pour leur offrir une qualité d'usage. La seule installation d'une rampe d'accès au jardin ne suffit donc pas. « Nous avons tous besoin d'aménagements adaptés afin de repousser nos limites et de développer notre autonomie dans les meilleures conditions de confort et de sécurité », explique Régis Herbin, urbaniste-architecte, qui a élaboré pour les espaces de vie la démarche haute qualité d'usage (HQU). Au-delà de l'accessibilité, cette approche est centrée sur la qualité et la mise en place de l'ensemble des « conforts d'usage ». Ainsi, le jardin partagé développe sa qualité d'usage, tout comme il développe depuis son origine sa qualité environnementale.

Bacs pleins de hauteurs variables.

Une concertation en deux temps

L'accessibilité et l'amélioration de la HQU s'effectuent en deux temps et, bien sûr, en concertation avec les futurs jardiniers :

- ⇨ *dans un premier temps, des aménagements simples : de larges allées pour les fauteuils roulants, mais aussi pour les brouettes, et des bacs surélevés pour jardiner assis ou debout ;*
- ⇨ *dans un second temps, le jardin propose une découverte du jardinage et un accompagnement adapté à chacun.*

L'aménagement du jardin

Faciliter l'orientation et le déplacement. *Les matériaux utilisés pour le sol des allées indiqueront clairement les séparations entre les différents espaces, parcelles et cultures, matérialisations indispensables pour les malvoyants et les aveugles. Pour se guider, en plus des panneaux, on peut installer des flèches, des symboles en braille, en relief, des matériaux colorés. Des plantes placées à portée de main peuvent également jouer le rôle de repères spatiaux par leur odeur et leur texture. Pour faciliter la circulation en fauteuil, les allées doivent mesurer 1,20 m de large.*

Jardiner assis ou debout. *Utiliser la dimension verticale : un mur peut servir de support pour accrocher des jardinières, créer une sorte d'« étagère verte ». On peut aussi installer des jardins suspendus : des bacs surélevés avec une encoche pour les genoux ou les pieds, des tables de culture sur pied, des bacs pleins de hauteur variable (0,6 m pour jardiner assis, 0,9 m pour jardiner debout). La largeur doit être de 0,6 m si le bac n'est accessible que d'un seul côté, de 1,20 m s'il est accessible des deux côtés.*

Béatrice Charre, chargée de mission à l'association Le Passe-Jardins (Lyon)

Bacs surélevés avec une encoche pour les genoux.

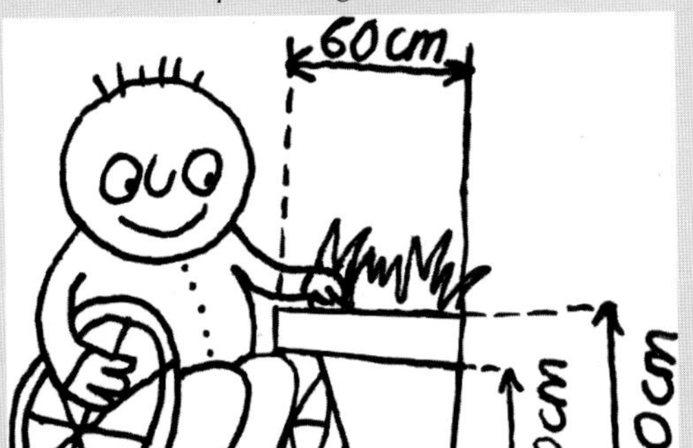

le passe-jardins - Nastia Yombo

le passe-jardins - Nastia Yombo

récolter

1 le bonheur de la récolte

Les productions du jardin

Les premiers radis, une laitue précoce, des carottes tendres… Comme dans tous les jardins, quand arrive l'heure de la récolte, le jardinier ressent le bonheur de voir des mois d'efforts couronnés de succès. Dans les jardins partagés, la récompense est d'autant plus précieuse qu'au départ, le sol est généralement ingrat. Une terre polluée, des remblais ou une parcelle envahie de ronces : les conditions ne sont guère propices aux cultures, et raviver la terre réclame un travail lent et patient.

Dans un jardin partagé, le rendement est rarement une obsession – personne ne prétend à l'autarcie –, mais le moment de la cueillette reste, comme dans tout autre jardin, un moment d'émerveillement. « Quand on commence à voir pousser ce qu'on a semé, on est quand même un peu bouleversé », raconte Sylvie, à

Des fraises dans les plates-bandes du jardin Nomade, en plein coeur du faubourg Saint-Antoine (Paris 11e).

l'origine avec quelques voisins d'un jardin collectif à Port-Boyer, à Nantes.

La vie en ville, qui éloigne du cycle des saisons, et une alimentation faite essentiellement de produits transformés dont on ne connaît ni la provenance, ni le mode de culture, renforcent la magie d'une récolte qui a entièrement disparu de l'horizon du citadin.

Certains enfants poussent des cris quand ils sortent une carotte du sol. L'émerveillement se mêle parfois d'effroi, tant la terre est perçue comme sale par les petits urbains. Mais la joie de pouvoir goûter ce qu'on a récolté prend vite le pas sur ces craintes : quand l'heure de la récolte a sonné, la priorité pour les jardiniers est l'organisation d'un repas préparé ensemble.

Une récolte au jardin de l'Aligresse (Paris 12e).

La récolte en partage

Au jardin Nomade (Paris 11e), moins de 200 m² de terre cultivée ne suffisent pas à combler l'appétit des convives, réunis chaque mois pour partager une soupe. Ce qui pousse dans les plates-bandes du jardin – quelques pommes de terre, une poignée de haricots ou des carottes – garnit le fond de la marmite, pour le principe. Mais pour la faire bouillir généreusement, on compte sur les emplettes des jardiniers, réunis le samedi après-midi pour une joyeuse corvée de pluches. Les soupes d'hiver sont aussi l'occasion de fêtes mémorables. On se souvient encore avec émotion de l'animation sur le thème du Père Noël organisée avec le concours d'une association finlandaise : chants lapons et veillée à la bougie ont réchauffé le cœur des jardiniers.

Au jardin partagé d'Aniane, dans la moyenne vallée de l'Hérault, les jardiniers se retrouvent une fois par mois pour la « palabrette » : au menu, souvent une "chichoumeille" – ratatouille en occitan – mijotée à l'abri d'une construction en bois et en roseau qui rappelle l'Afrique.

La cuisine mobile du jardin Eco Box (Paris 18e).

Privilège du maraîcher, tomates, aubergines, ail, oignons et poivrons passent directement du jardin à l'assiette. Quand arrive l'hiver, la récolte est moins généreuse, et tout le monde dîne au chaud, devant la cheminée de la "maison partagée", le local de l'association. On en profite pour faire des découvertes culinaires, pour tester des plats qui mêlent légumes de saison et produits exotiques. « Les jardiniers partagent les recettes rapportées de leurs voyages », raconte Bruno.

Lorsque la surface du jardin est petite, il faut un brin d'organisation pour partager la récolte. Au Potager des oiseaux, jardin de 125 m² en plein cœur du Marais (Paris 3e), la soupe collective n'a lieu qu'une fois par an. C'est Sylvie, plus cordon-bleu que pouce vert, qui est chargée de la concocter. « Nous tenons beaucoup à manger ensemble ce qui a poussé ici, mais avec une si petite surface, nous ne récoltons pas assez en une seule fois, donc je congèle les légumes qu'on me confie, en trois fois. En octobre, j'ai de quoi faire une belle marmite. » Les gourmands se régalent, et Sylvie repart, comme chaque année, sous les applaudissements.

La soupe d'automne au jardin de l'Aligresse (Paris 12e) déplace aussi les foules, mais on ne sait plus trop ce qui a été planté dans la terre du jardin et ce qui vient du marché d'à côté. « Ce qui est miraculeux ici, c'est que tout pousse », reconnaît toutefois Renaud, qui, en fin gourmet, suit de près la récolte. Annie confirme : « Cet automne, nous avons cueilli 10 kilos de chasselas. Je sais qu'il est possible de récolter pas mal de raisin en ville depuis que j'ai vu comment des habitants de Haute-Galilée, en Israël, faisaient grimper la vigne en hauteur, le long des terrasses. »

J'aime être acteur de la ville, participer à son aménagement sans toujours demander aux élus de le faire pour nous.

Olivia, jardin des Maguettes.

Certains déploient des trésors d'ingéniosité pour le plaisir de faire durer la récolte le plus longtemps possible. Bruno, au jardin partagé Crimée-Thionville (Paris 19e), a choisi de planter douze variétés différentes de haricots, de l'Orinoco à la Reine des pourpres, en passant par le Triomphe de Farcy. Du coup, la cueillette est échelonnée sur plusieurs semaines. « Quand certaines espèces arrivent à maturité, d'autres commencent à flétrir, explique-t-il. Tout l'été, cela a été une fête du palais, un vrai plaisir. »

Plus surprenant encore pour des jardins dont la vocation vivrière n'a jamais été la priorité, des commerçants y trouvent parfois de quoi s'approvisionner. Au jardin partagé de la rue de la Manutention, dans le très chic 16e arrondissement de Paris, le restaurateur installé en face bichonne depuis plusieurs années un carré d'herbes aromatiques. Pas de quoi assaisonner tous ses plats, bien sûr, mais assez pour relever quelques salades. Au *Pain de sucre*, rue Rambuteau (Paris 3e), les pâtissiers Didier Mathray et Nathalie Robert utilisent les capucines que leur apporte régulièrement Bruno, du Potager des oiseaux, pour décorer certaines de leurs créations.

Au jardin Crimée-Thionville, on échelonne les récoltes de haricots sur plusieurs semaines.

Si les récoltes individuelles ne cadrent pas avec la philosophie des jardins partagés, il y a bien sûr des cueillettes à l'improviste : la tomate cerise à l'apéro, quelques brins de ciboulette dans le sandwich entre midi et deux, et le thé à la menthe du jardin. Nora, jardinière à Paris, décrit le bonheur simple d'assaisonner la roquette qui pousse dans son jardin partagé, près du bassin de la Villette. « J'aime bien offrir un peu de la récolte quand j'invite à manger chez moi. Les gens sont toujours très étonnés de voir ce qui peut pousser au coin de la rue. »

Le plaisir d'offrir, de donner un peu de son jardin aux visiteurs se retrouve partout. Sylvie, à l'Aligresse, distribue généreusement des sachets de graines de passiflore, de tournesol et des aromatiques récoltés au jardin. À Port-Boyer (Nantes), les toutes premières laitues ont été données à des gamins du quartier, heureux de les rapporter chez eux. « On s'est dit que cela ferait peut-être venir leurs parents », dit Cyril.

Les plantes en fête

Pas de jardin partagé sans troc, bourse ou fête des plantes. Comme lors des rendez-vous de Courson, Saint-Jean-de-Beauregard ou la Folie des plantes à Nantes, les échanges de semis, plants et graines attirent un large public. On s'échange des tuyaux et on se raconte des anecdotes. Divisions de vivaces, boutures, livres ou outils changent allègrement de mains. Mais dans les jardins partagés, les rencontres prennent le pas sur la dimension commerciale: la gratuité ou des prix modérés sont toujours de mise.

À Aniane, avec deux autres associations, le jardin partagé propose à la fin du mois d'avril Le Bonheur des jardins, une foire d'un type nouveau. « Nous demandons aux exposants de partager leurs expériences et leurs techniques. La moitié du temps pour vendre, l'autre moitié pour partager leurs connaissances », explique Bruno Pioch, qui a notamment invité Olivier Filippi, pépiniériste spécialisé dans les plantes adaptées aux milieux secs. Au Troc vert de Montreuil-sous-Bois, organisé depuis 1999 par l'association des Buttes à Morel, un comité d'experts, composé de jardiniers et de botanistes, aide les jardiniers à identifier les plantes échangées.

Dans les jardins partagés, il n'y a pas de légumes « dopés », donc pas de concours de la plus grosse courgette, comme dans certains jardins familiaux. Mais on ne résiste pas toujours au plaisir du jeu: ainsi un samedi d'automne, le jardin Leroy Sème (Paris 20e) a organisé la "pesée du potiron". Le gagnant qui a fait la meilleure estimation est reparti avec la cucurbitacée sous le bras.

Don de graines à l'Aligresse (Paris 12e).

Un concert sur des palettes dans un jardin éphémère (Eco Box, Paris 18e).

Concerts, expos et compagnie

Un proverbe dit que dans un jardin, l'on récolte plus que ce que l'on y a semé. Concerts, débats, expositions, spectacles de théâtre, de danse, cours et conférences… la palette des activités est infinie dans les jardins partagés.

Dans certains jardins, une programmation pointue fait connaître le site bien au-delà de son quartier. Au potager de la Crapaudine (Nantes), le festival Jardin'Jazz attire chaque

Au potager des Oiseaux (Paris 3e), l'épouvantail est une création des enfants de la halte-garderie.

année des milliers de mélomanes. Dans le jardin de l'Aligresse, grâce au festival Cinémaligre, on fait le lien entre culture et agriculture. En 2007, un grand banquet a été organisé avec l'association Slow Food sur le thème de la pomme de terre. « Plusieurs variétés avaient été plantées au jardin, elles ont été dégustées à l'occasion du festival », raconte Renaud.

Au Potager des oiseaux, la très petite surface du jardin n'empêche pas l'association de montrer des sculptures contemporaines à un large public. Au fil du temps, des dons ou des achats, le potager est devenu une sorte de galerie à ciel ouvert, moins intimidante que les lieux de culture institutionnels. Le jardin des Soupirs (Paris 20e) partage le même désir de démocratiser la culture : il a ouvert ses portes aux insectes géants – mante religieuse, fourmi et abeille – imaginés par le sculpteur Marc Gassier. L'association en a profité pour proposer des lectures de contes pour enfants sur le thème des insectes et une conférence savante sur les coléoptères parisiens.

À Lille, les Ajonc, l'association des jardins communautaires, sont à l'initiative du "Festival des Jonc", qui programme tous les ans quelque trente-cinq événements dans les jardins et dans la ville : « Ce sont des manifestations ouvertes à tous, explique René, cela va de la fabrication de pain cuit au four à bois au théâtre, en passant par des balades à vélo, des expositions, de la poésie… »

Dans les jardins partagés il est aussi possible de s'initier à des pratiques artistiques. « Un sculpteur africain a animé un atelier de sculpture à la cire perdue, raconte Véra d'Éco Box (Paris 18e). On organise des concerts, des soirées slam, des projections de films, des expositions, des spectacles de marionnettes, de conte, de chanson, de poésie. » Des événements plus intimes ont parfois lieu : il n'est pas rare d'y fêter un anniversaire ou la réussite à un examen. Mais la règle du jeu, c'est de laisser la porte ouverte. Olaf, qui a fêté ses trente ans dans le jardin Papilles et Papillons (Paris 20e), se souvient d'un joyeux mélange, dans une ambiance bon enfant. « Nous avons accueilli tout le monde à bras ouverts. Je n'ai jamais eu autant d'amis ! »

Quand le jardin gagne sur le bitume

Les jardins ont une curieuse manière d'essaimer. Les plantes sautent par-dessus les grilles et prennent racine… dans la rue, encouragées par des jardiniers enthousiastes à l'idée de répandre dans la ville de petites oasis de verdure. Avec l'accord de la mairie de Brest, l'association Vert le Jardin a récupéré et installé dans le quartier Saint-Marc des bidons qui ont été peints et fleuris par les habitants. L'impact de cette opération, qui devait être éphémère, a été tel que les habitants ont tout fait pour que les bidons restent dans les rues.

Une petite oasis de verdure cultivée par Monique, dans une rue de Brest.

Dans la cour des Petites Ecuries (Paris 10e), les habitants jardinent aussi les pieds d'arbres.

Dans le Village Faidherbe à Paris, Jacky, fleuriste, a lancé une opération de plantations au pied des arbres. Depuis plusieurs années déjà, il cultivait, de sa propre initiative, le pied du platane situé devant son magasin. Pour le plus grand plaisir des passants : « Certains m'ont même laissé des mots pour dire tout le bonheur que leur procurait ma petite installation », raconte-t-il.

Cette utopie minuscule a séduit et s'est transformée en fête de quartier : chaque année à la fin du printemps, parents, enfants et commerçants se réunissent pour fleurir cinquante-deux pieds d'arbres, jugés compatibles avec des plantations par les services techniques de la ville. L'essai, considéré comme concluant – même si certaines plantations souffrent du passage répété de chiens ou de motocyclistes indélicats –, leur a permis de signer avec la municipalité la charte du fleurissement des pieds d'arbres. Charte qui a permis d'officialiser d'autres initiatives jusque-là clandestines, avec des services qui fermaient les yeux. Du coup, dans les quartiers les plus minéraux de la capitale, où les jardins se font rares, des habitants peuvent mettre des touches de couleur dans le bitume.

Sous les pavés, les fleurs

D'autres associations jouent davantage la carte de l'enracinement. Sur la colline de Fourvière, à Lyon, l'association Jardingues propose aux habitants du quartier Saint-Just de jardiner les talus, plates-bandes ou grillages. Les "jardins-champignons" surgissent dans les fissures des trottoirs, entre les pavés, dans tous les interstices de la ville.

À Roubaix, c'est la trame végétale de la ville qui est renforcée par l'opération Totems verts. Les grimpantes – houblon, jasmin d'hiver, lierre panaché ou glycine – qui verdissent les murs sont plantées par des personnes en insertion, dans le cadre d'un chantier-école. À Saint-Valery-sur-Somme, l'Herbarium, une friche restée abandonnée pendant trente-cinq ans, est cultivé par des passionnés de botanique. Le jardin, florissant, a essaimé dans les rues alentour. Au pied des murs, le long de la chaussée, on rencontre en abondance la valériane blanche, rose ou carminée, des roses trémières et des linaires pourpres.

Cercle vertueux

Ainsi bichonnées, les rues des villes changent d'aspect, et notre regard sur elles aussi. Les services techniques de nombreuses municipalités l'ont compris, lorsqu'ils ont constaté que l'implication des habitants faisait reculer vandalisme et incivilités. Au cœur d'un îlot constitué de logements sociaux, dans le 19e arrondissement de Paris, l'aménagement d'un bac à sable abandonné en jardin partagé a transformé la vie de la cité. « On a tenté l'expérience sans trop y croire, raconte l'élue chargée de l'environnement de cet arrondissement. Mais ce qu'on a constaté, c'est que les délinquants, qui dégradaient le jardin, ont du respect pour ce que fait leur voisin. Eux aussi apprécient les belles choses ! »

Les dépôts d'ordures et autres crottes de chien qui accompagnent bien souvent les terrains vagues tendent à disparaître lorsque les habitants se mettent à y jardiner. Le coin de rue du jardin Nomade (Paris 11e), longtemps un dépotoir, attirait gravats et objets encombrants. Aujourd'hui, le quartier est pimpant et les restaurants sortent des tables et des chaises sur les trottoirs. En embellissant la ville, les jardins partagés créent une ambiance apaisée. La qualité de vie s'en trouve nettement améliorée.

➲ *Des « jardins-champignons » jaillissent entre les pavés.*

Les jardins tissent leur toile

Les jardins partagés essaiment sur la grande toile d'Internet. Sites, portails et blogs composent un vaste jardin virtuel, changeant et coloré : on y trouve aussi bien les photos avant-après de l'aménagement d'un jardin, les dates des animations ou une vidéo de plantations collectives. Certains blogs sont devenus de véritables espaces ressources : la chronique écrite et filmée de JPP le jardinier et les photos et analyses en ligne de Pierre-Emmanuel Weck ont leurs habitués. D'autres blogs ont une vocation plus locale : celui du jardin de Falbala[39] décrit, avec juste ce qu'il faut de suspense, la première récolte de tomates cerises ou la disparition mystère des nains du jardin. Sur le site du Potager des oiseaux[40], la rubrique "actualités végétales" explique la toxicité du ricin et montre fièrement un brin de muguet, qui a eu le bon goût de fleurir le 1er mai.

Les sites de jardins partagés cultivent une double vocation : celle d'informer sur les activités du jardin, et celle de créer un lien entre les membres de l'association.

Certains jardins partagés choisissent d'ailleurs de ne pas créer de site pour ne pas exclure les personnes qui ne sont pas équipées d'ordinateur. Certains conflits, mineurs, ont aussi tendance à s'envenimer par courriels interposés. Aux Haies partagées (Paris 20e), pas de site, pas de liste de diffusion, mais un panneau d'affichage, sur la cabane. « Nous voulons privilégier les échanges directs, dans le jardin », explique Vincent.

Consciente de ce risque, l'association les Jardins numériques encourage ce qu'elle appelle la "biodiversité informatique" en proposant des formations et des échanges qui permettent de s'approprier l'outil Internet. « Nous sommes une structure ouverte et modulable. Notre ambition, c'est de mettre le multimédia au service des associations », déclare Yann.

Graine de jardins, en association avec les Jardins numériques, a créé un portail pour les jardins partagés et d'insertion en Île-de-France, site collaboratif qui permet de localiser les jardins, de tisser des liens entre associations et de se former au logiciel libre Spip. L'outil, très vite adopté par les jardiniers, propose un bestiaire, un herbier numérique ou des photos de jardins qui reflètent le foisonnement des expériences.

En Rhône-Alpes, l'association le Passe-jardins a créé un portail qui offre différents services, dont un annuaire des jardins partagés de la région.

Au niveau national, le site du Jardin dans tous ses états présente les créations auxquelles peuvent participer les jardiniers ainsi que des formations, la charte du réseau…

Écran d'accueil du portail Rhône-Alpes du jardin dans tous ses états.

un nouveau paysage

Dessiner des tracés, choisir des plantations, poser une grille ou construire une cabane sont autant d'étapes nécessaires dans la création d'un jardin partagé. Mais au-delà des contraintes pratiques, c'est chaque fois un paysage singulier qui s'offre au regard du jardinier et du promeneur. Un paysage façonné à plusieurs mains.

Contrairement au rêve d'une nature domestiquée, que l'on retrouve dans le jardin à la française, les squares haussmanniens et même les espaces verts des années 1970, les jardins partagés donnent à voir une végétation foisonnante, plus libre et plus sauvage. En mélangeant fleurs, fruits et légumes, en accueillant aussi la faune, ils offrent un paysage qui évolue avec les saisons. La main du jardinier est là, mais son empreinte est douce. « Alors que les espaces verts publics sont figés et généralement stériles, les jardins partagés changent constamment. Cette plasticité, qui épouse les contours de la ville, est extrêmement riche du point de vue esthétique », affirme la paysagiste Lena Soffer.

Depuis qu'il y a le jardin, la rue m'est moins étrangère, le chemin pour m'y rendre est mon chemin. J'aime en partir avec de la terre sous les ongles, une salade à la main.

Cécile, jardin Leroy Sème.

Un paysage inédit

Le Potager des oiseaux (Paris 3e).

À Paris, dans le 3e arrondissement, le Potager des oiseaux est adossé au marché des Enfants rouges et entouré d'immeubles d'habitation. Un petit espace de 125 m², à peine la superficie d'un jardin familial. Dix parcelles de un mètre sur trois sagement alignées à la façon des couches de maraîcher et entourées de sol stabilisé, auxquelles s'ajoute une étroite bande de terre le long des vieux murs qui entourent ce recoin. Dès le printemps, une végétation exubérante efface le dessin géométrique des parcelles, grimpe à l'assaut des murs et de la pergola, recouvre le toit de la cabane. À la fin de l'été, les haricots rivalisent avec les fèves, et les volubilis avec la vigne pour compenser en hauteur l'exiguïté du jardin. Quantité d'objets émergent de ce gai fouillis : des sculptures de céramique ou de bois flotté en souvenir des artistes qui ont exposé leurs œuvres dans ce lieu, un professeur Tournesol en miniature, un paisible squelette en plastique transparent accroché dans un coin, un épouvantail affublé d'un nez-carotte dans les carrés réservés à la crèche du quartier.

EXUBERANCE

Le Poireau agile (Paris 10e).

Le Poireau agile, dans le 10ᵉ arrondissement, est situé à l'intérieur d'un jardin public (Villemin), en bordure du canal Saint-Martin. Son tracé circulaire et sa forme de cuvette, avec une large bande cultivée entourant le pavement central, sont manifestement l'œuvre d'un professionnel. Au beau milieu, une grande flaque d'eau sert d'abreuvoir aux oiseaux. Dans les parcelles, des styles hétéroclites se côtoient : ici, à la manière des jardins familiaux, des poireaux strictement alignés, des semis de salade protégés par un filet tendu sur des arceaux, des tessons de poterie en bordure ; ailleurs, un massif très coloré où foisonnent gauras, cosmos, asters et marguerites, à la recherche d'un effet avant tout esthétique ; plus loin des fleurs et des légumes savamment associés selon les préceptes de la culture biologique ; plus loin encore, sur un bout de terre dénudée, des étiquettes humoristiques en plusieurs langues : "rien", "nada", "niente", "nichts"… De la cabane postée en vigie, un jardinier surveille le va-et-vient incessant des passants, attirés par le spectacle insolite de ces plantations qui contrastent avec celles du jardin public.

À Villeurbanne, le Vert Luizet, au pied d'un immeuble de treize étages, reçoit peu de soleil et beaucoup de vent. Côté vent, le grillage qui l'entoure a été renforcé par un écran de canisses, de noisetiers et de bambous. De ce site un peu ingrat, les habitants ont fait un jardin plaisant à voir. Ils ont clairement affiché leur parti pris communautaire : une large surface d'herbe se prête aux rencontres nombreuses, des tables et des bancs de matériaux divers et d'un âge certain sont dispersés çà et là. Une ancienne roulotte de chantier, peinte de motifs africains aux couleurs vives, est posée sur pilotis ; un auvent la prolonge, sous lequel s'entasse un mobilier hétéroclite, chaises, fauteuil et récipients variés. Sous la pompe au milieu du jardin, trône une baignoire émaillée, soigneusement habillée de panneaux de bois. Bricolage et récupération sont à l'honneur, mais le jardinage ne l'est pas moins : des massifs émaillent la pelouse, plantés les uns en potager, les autres en fleurs, bordés de santoline ou de galets. On aperçoit aussi une belle rangée de framboisiers, un pêcher et un cerisier nouvellement plantés.

Le jardin du Vert Luizet, à Villeurbanne.

Si différents qu'ils soient dans leur forme, leur localisation, leur aménagement, ces trois jardins ont en commun quelques traits que l'on retrouve dans tous les jardins partagés. Fleurs et légumes n'y ont pas de place assignée, mais se mêlent de façon imprévue. La profusion des plantes, le bourrage de l'espace, la fantaisie des tracés, la cocasserie des objets, la mise en scène des trouvailles et des retrouvailles : aucun de ces éléments n'est vraiment propre aux jardins partagés, mais tous réunis, et multipliés par le jeu de l'invention collective, ils composent un paysage inédit.

Françoise Dubost, sociologue, directrice de recherche au CNRS

Le jardin en mouvement

Les écrits, mais aussi la pratique du jardinier et paysagiste Gilles Clément, représentent une importante source d'inspiration pour de nombreux jardins partagés. La notion de "jardin en mouvement", forgée à partir de l'expérience de son jardin de la Vallée, dans la Creuse, a connu une audience internationale au moment de la création du parc André-Citroën à Paris, en 1992.

Le jardin en mouvement « ne contraint pas la nature à la géométrie, à la propreté ou à tout autre principe culturel privilégiant l'aspect », écrit Gilles Clément. Du coup, la tâche du jardinier consiste à interpréter les interactions entre ombre et lumière, entre animaux, plantes et hommes, avec l'objectif de maintenir ou même d'accroître la diversité biologique. « Le dessin du jardin, changeant au fil du temps, dépend de celui qui l'entretient, il ne résulte pas d'une conception d'atelier sur les tables à dessin. »

Le jardin de la Vallée, dans la Creuse.

Rêver le jardin à plusieurs

Élaborer collectivement "une vision" du futur jardin, prendre la mesure des atouts et des contraintes d'un site sont les tâches qui incombent aux citoyens-jardiniers. Plusieurs cas de figure sont possibles au moment des choix d'aménagement. Parfois, le jardin est livré "clés en main", sans consulter les jardiniers et suivant une vision standardisée. C'est la pire des solutions, car elle fige le paysage du jardin pour longtemps. Parfois, lorsque les collectivités se préoccupent de la dimension paysagère, elles sollicitent des paysagistes pour aider les habitants à concevoir leur jardin (voir p. 124). Dans la majorité des cas, c'est une parcelle nue qui est remise aux jardiniers, qui ont toute latitude pour modeler l'espace. Un plan, parfois une maquette ou quelques croquis servent alors de support pour alimenter les discussions. Dans cette phase, les talents de chacun sont mis à contribution. Il est bien rare que dans un groupe de jardiniers, il n'y ait pas au moins une personne dotée d'un bon coup de crayon, une autre douée pour le bricolage et une troisième ayant des notions de botanique et de jardinage. Savoir faire des photomontages par ordinateur peut également se révéler utile. Mais au-delà des savoir-faire des uns et des autres, c'est l'imagination de tous qui est sollicitée dans la phase de création.

Au départ d'un jardin partagé, il y a souvent une parcelle nue, et les jardiniers ont toute latitude pour modeler l'espace.

Issus d'un processus collectif de création, les jardins partagés se nourrissent de multiples références : les souvenirs d'enfance, les voyages, les films et les lectures alimentent l'imaginaire. Les jardiniers puisent aussi dans des modèles connus pour les adapter à leurs envies. Du jardin de "simples" (plantes médicinales) au jardin de curé, en passant par les jardins historiques, ouvriers ou les squares publics, l'inspiration est libre, et la créativité n'est bridée que par la place et les moyens financiers et humains.

Des lieux de création à ciel ouvert

Le jardinage partagé ne se résume pas à la seule préoccupation d'aménager ensemble un espace et d'y vivre des moments de rencontre. De tout temps et dans toutes les cultures, la plupart des jardiniers ne se contentent pas de répondre aux seules nécessités horticoles ou sociales : au jardin, on fait aussi tout autre chose que jardiner et l'utilitaire se confond joyeusement à l'imaginaire.

Si l'on fréquentait les jardins partagés dans le seul but de produire du végétal et de rencontrer ses congénères, ces espaces ne seraient qu'alignements de légumes, foisonnement de fleurs, tables de pique-nique, tonnelles ombragées et autres installations répondant à l'impératif de production et de convivialité. Or, ces aménagements fonctionnels ne semblent pas suffire.

De New York à Paris, en passant par Montréal, Lille ou Lyon, les espaces partagés présentent invariablement les fruits de l'imaginaire de leurs acteurs, qui en font toujours plus que nécessaire, avec un supplément d'âme et de poésie donné aux objets du quotidien : combien de girouettes équipées d'une hélice, inutile à la technique éolienne et à la science météorologique, mais qui ravit le jardinier bricoleur ?

Combien de statuettes iconoclastes, de totems faits de matériaux de récupération, d'alignements de jolis cailloux, qui ponctuent les jardins de petites histoires, aussi importantes que le très officiel projet horticole ? "Petites histoires", car ces objets racontent quelque chose : le désir de laisser une trace (et pas seulement de s'approprier), de représenter le jardinier absent et peut-être le

souhait de matérialiser un lien profond entre l'"homme-jardin" et la terre, qui l'accueille et le nourrit. Joindre l'agréable, mais peut-être aussi le sublime, à l'utile…

Michel Tournier nous rappelle que « dès qu'on parle jardin, il convient de dépasser la géométrie plane et d'intégrer une troisième dimension à notre méditation. Car l'homme-jardin par vocation creuse la terre et interroge le ciel. Pour bien posséder, il ne suffit pas de dessiner et de ratisser. Il faut connaître l'intime de l'humus et savoir la course des nuages. Mais il y a encore pour l'homme-jardin une quatrième dimension, je veux dire métaphysique. »

Tout est là. Il semble bien que jardiner renvoie à des aspects profonds de notre histoire et de notre relation au monde.

Alors, comment concilier les usages collectifs des jardins partagés avec ces manifestations personnelles ? Sans doute en faisant preuve de la plus grande attention aux attentes de tous, en ménageant les désirs modestes de « coin à soi » avec les volontés militantes, parfois farouches, de collectif à tout prix. Plus tout à fait espaces publics, mais pas non plus espaces privés, les jardins partagés s'annoncent comme des lieux inédits de sociabilité, à l'intérieur desquels chacun doit pouvoir exprimer un peu de son imaginaire.

Vincent Larbey, membre de l'association État des lieux
et du réseau Le Jardin dans tous ses états

Faut-il faire appel à un paysagiste ?

Les collectivités, qui craignent souvent que les jardins collectifs ne créent un paysage de « bidonvilles verts », sont peu nombreuses à faire appel à des paysagistes pour aider les habitants à concevoir leur projet. Quelques expériences prouvent pourtant qu'il y a une forte complémentarité entre jardiniers et professionnels du paysage.

Le jardin Papilles et Papillons (Paris 20e), un des premiers jardins partagés créés dans la capitale, a été dessiné par la paysagiste Lena Soffer. Après une concertation menée par Christophe Cuny, de l'atelier d'Antoine Grumbach (grand prix de l'Urbanisme 1992), la paysagiste fait les premières esquisses. « Il fallait une structure végétale de base, persistante, pour mettre en valeur les plantations des habitants, qui elles changent avec les saisons. J'ai proposé de planter une haie de buis », raconte-t-elle. La paysagiste prête la plus grande attention aux détails de l'aménagement. « J'ai voulu offrir un très beau cadre aux habitants. Je me suis battue pour que l'escalier qui relie les deux terrasses du jardin soit construit avec des matériaux de qualité, de la brique, du bois, de la pierre bleue du Hainaut. »

Jardin de la résidence Gabriel-Péri à Gentilly (Val-de-Marne).

À Morsang-sur-Orge, dans l'Essonne, le paysagiste Antoine Quenardel a aussi remarqué que la présence d'un professionnel de l'aménagement pouvait se révéler utile. « Les habitants ne connaissent généralement que l'offre des *garden centers* de la périphérie des villes, qui proposent rarement des matériaux durables », explique-t-il. Dans le jardin des Bonheurs potagers de Morsang-sur-Orge, le choix des clôtures – en bois – et celui des plantations pour les bordures – de petits fruitiers plutôt que des thuyas – sont issus de ses discussions avec les jardiniers.

Dans la résidence Gabriel-Péri à Gentilly, dans le Val-de-Marne, c'est le paysagiste Charles Dard qui a plaidé pour la création d'un jardin partagé. Il l'a intégré dans son aménagement de l'espace intérieur de la cité, à côté d'équipements plus classiques comme les jeux pour enfants. Fruit d'un processus de concertation qui a duré trois ans, le jardin partagé est devenu un espace public du quartier.

Les professionnels du paysage, longtemps perplexes devant un processus créatif qui leur échappe en partie, semblent désormais avoir pris conscience de la pertinence, y compris esthétique, des jardins partagés.

Ainsi le festival international de jardins Flora de Montréal a accueilli pour la première fois en 2007 un jardin communautaire, cultivé par des riverains. À Paris, c'est le parvis de l'Hôtel de Ville qui, le temps d'un jardin éphémère, a fait découvrir au plus grand nombre la créativité à l'œuvre dans plusieurs jardins partagés de la capitale. Même le célèbre festival international de Chaumont-sur-Loire a demandé aux professionnels de plancher sur le thème des "jardins en partage" en 2008.

Métissage paysager

Dans les villes, où les échanges et le brassage des cultures sont importants, le paysage des jardins partagés reflète la diversité des origines : de la cabane de jardin en briques crues qui rappelle une case africaine au carré de tulipes planté par une jardinière venue des Pays-Bas, les jardins dessinés par les habitants donnent une impression de métissage paysager.

Dans le Jardin solidaire, jardin éphémère dont le fonctionnement permettait une grande liberté, la juxtaposition des références était particulièrement riche : le kiosque et les jeux pour enfants évoquaient le jardin public, la pelouse de pique-nique et la piscine gonflable le jardin du pavillon de banlieue, tandis que les cheminements, le mail de bouleaux et le cabinet de verdure renvoyaient à une conception classique du jardin d'agrément. Enfin, une fresque peinte autour d'une ouverture dans un mur était une référence assumée au jardin des Merveilles de Bomarzo, jardin maniériste de la Renaissance italienne.

Les jardins partagés, s'ils sont des lieux de créativité, du fait de la modestie des moyens qui leur sont généralement alloués, cherchent moins à domestiquer un territoire qu'à s'y insérer. On est aux antipodes d'une politique de la "table rase" : ce qui a précédé l'"enfrichement" de la parcelle, les traces et les vestiges d'une activité artisanale et industrielle passée ou d'anciens logements y sont généralement conservés et mis en valeur. Les jardiniers ne se contentent pas de cultiver leur parcelle ; ils expriment souvent un attachement fort aux murs, aux inscriptions anciennes, à tout ce qui porte la trace du passé, proche ou lointain. Le paysage du jardin n'en est que plus riche.

ABONDANCE

Des jardins, sources d'inspiration et lieux de création

Au début des années 1980, le raffinement de la ville de Paris me frappa avec la même intensité que le manque d'espaces verts. J'essayais donc de parcourir la cité à pied pour tenter en vain de dénicher ce qui pour moi était des espaces de respiration, des espaces vitaux. Quand j'arrivais enfin à trouver un jardin, il était tellement millimétré, tellement tiré au cordeau, qu'il perdait en force régénératrice, pour exceller dans la démonstration que le rationnel, en France, prime sur la force de vie.

Je me suis donc adonnée à la végétalisation de la cour de mon atelier, pour tenter de réaliser un lieu accueillant, revivifiant comme je n'en trouvais pas dans la ville.

Un beau jour, j'ai repéré au coin de la rue un groupe d'immeubles délabrés et je me suis mise à rêver… d'un jardin à leur emplacement. Peu de temps après, les bâtiments ont fait place à un terrain vague. J'ai jeté au-dessus de la grille un cocktail de graines, pour créer un lieu "germinal". J'ignore si mon rêve fut contagieux ou si, au contraire, il est né d'une contagion collective, mais à cet emplacement, un jardin partagé est né.

La première plantation fut celle d'un chèvrefeuille pour embaumer le passage. Depuis lors, ce territoire est pour moi source d'inspiration, lieu d'expérimentation et de création tout à la fois.

J'ai eu le bonheur de découvrir comment les uns et les autres se relaient dans le travail, donnant ainsi la possibilité aux plantes de devenir plus robustes, plus épanouies, plus généreuses. Les pieds de tomates cerises venus de mon balcon ont été mis sous cloche par quelqu'un d'autre dans le jardin. Ainsi protégés, ils se sont tellement plu qu'ils ont donné des quantités inimaginables de petites perles rouges. Ces généreuses récoltes que nous avons pu offrir firent rayonner notre jardin partagé hors de ses limites géographiques.

Avec l'abondance des couleurs, formes, fragrances et saveurs, d'autres expressions de vie se sont rapprochées de nous. Les abeilles, papillons et coccinelles venaient tantôt butiner les fleurs, tantôt caresser les feuilles. Des oiseaux venaient prendre des bains de sable ou apaiser leur soif comme dans une oasis. Les êtres humains entraient dans le jardin en prenant pour excuse de demander conseil aux jardiniers-botanistes en herbe que nous sommes. Le jardin est devenu un lieu d'échanges vivant.

Moi, je traverse cette expérience de la même manière que je réalise une de mes créations : le terrain originel, je l'ai senti comme une feuille blanche où… tout était possible. Petit à petit, surgissait ici un rosier, là-bas des potimarrons, plus loin un groupe de moineaux, et le tout fut merveille ! De l'autre côté, les variétés plantées trop serrées pourrissaient, et il a fallu tout arracher pour reconstituer, à nouveau, la page blanche.

C'est un livre écrit à plusieurs mains où chacun apporte sa différence, et de cette diversité cumulée un espace nouveau naît.

Nora Herman, artiste et jardinière argentine

Plenilunio en Iguazú, *huile sur carton de Nora Herman*

3 politiques publiques : demandez le programme !

Les jardins partagés portent une autre récolte inattendue. Leur succès a permis de faire émerger des politiques publiques basées sur un partenariat inédit entre collectivités et habitants. Avec un principe simple : en échange d'un terrain, les membres d'une association s'engagent à le cultiver dans le respect de l'environnement, et à proposer des activités ouvertes à tous.

Les villes de Lille, Montpellier, Nantes, Bordeaux, Paris ou le Grand Lyon ont choisi de faire confiance aux habitants en leur attribuant des parcelles du domaine public. Comme à New York, Lausanne et Montréal, villes pionnières, ce mode de gouvernance à base de responsabilités partagées a porté de nombreux fruits : là où est formalisé le partenariat entre collectivité et habitants, on assiste à une véritable poussée de jardins partagés.

La mobilisation pour le parc Clemenceau à Montpellier a abouti à la création d'un jardin partagé.

Programmes municipaux

En France, c'est la Ville de Paris qui a été la première à franchir le pas de la création d'un programme municipal, baptisé Main verte. Très en retard sur Lille, Lyon ou Nantes, qui avaient lancé depuis plusieurs années des expériences de jardinage collectif, la municipalité parisienne a choisi en 2002 de se doter d'une charte à portée générale, pour encourager l'éclosion de projets sur tout son territoire.

Main verte à Paris

On arrose et on s'amuse ; on se rassemble avec les jardiniers, on mange ensemble ; finalement, ça nous donne de la joie !

Haskim, jardin des Aures.

Ce document a permis d'épargner aux citoyens les embûches administratives qui n'auraient pas manqué si une volonté claire de la mairie n'avait été énoncée. « Quelques jardins collectifs existaient déjà à Paris. Mais après avoir étudié les expériences de New York, de Lausanne et de Montréal, après être allés voir les jardins de Lille, il nous a semblé important de créer un cadre qui marque un engagement net de la municipalité. La charte Main verte a été rédigée pour permettre aux associations de s'investir pleinement dans leur projet en leur évitant d'avoir à réexpliquer chaque fois la légitimité de leur démarche », raconte l'élu à l'origine du programme municipal de Paris.

En écrivant noir sur blanc un certain nombre de valeurs – respect de l'environnement, démarche participative et création de lien social –, la charte a donné une légitimité à des jardins dont la finalité et le mode de gestion suscitaient encore chez beaucoup une grande perplexité. En précisant les engagements respectifs de la mairie et des jardiniers, la charte Main verte (voir p. 138) a également créé les conditions d'un dialogue apaisé entre institution et société civile.

Restait la question pratique de la mise à disposition des terrains. Fallait-il faire payer un loyer aux associations ? Et que répondre aux habitants qui souhaitaient jardiner une parcelle à titre temporaire, en attendant son aménagement définitif ?

À l'issue d'une négociation serrée, qui a montré que les jardins partagés répondaient à une véritable demande sociale, c'est la gratuité de la mise à disposition qui a été obtenue à Paris. D'abord pour éviter la paperasse inutile : le loyer demandé par la municipalité pour l'occupation d'un terrain aurait nécessité le dépôt par l'association d'une demande de subvention compensatrice de loyer… adressée à la municipalité ! En simplifiant la procédure, la gratuité permet aussi d'envisager la création de jardins éphémères, qui ne peuvent pas se payer le luxe de longues démarches administratives.

La charte Main verte de Paris (extraits)

La Ville de Paris soutient les jardins collectifs dans toute leur diversité, qu'il s'agisse de jardins collectifs d'habitants, de jardins pédagogiques, d'insertion ou de jardins familiaux, dans la mesure où le jardin est le fruit d'une création collective et concertée.

Un jardin partagé est un lieu de vie ouvert sur le quartier, convivial, qui favorise les rencontres entre les générations et entre cultures.

Un jardin partagé contribue à valoriser les ressources locales en tissant des relations avec d'autres structures (associations de riverains, écoles, collèges et lycées, maisons de retraite, hôpitaux, centres sociaux, commerces de proximité).

Un jardin partagé est un terrain d'expérimentation pour des pratiques respectueuses de l'environnement. Il participe au maintien de la biodiversité en milieu urbain et au développement d'une présence végétale dans la ville.

Les jardins Main verte sont intégrés dans le réseau des jardins partagés de Paris. Les associations bénéficient ainsi d'échanges et de documentation, et reçoivent des informations et des conseils : un accompagnement méthodologique, si nécessaire assuré par une association référente, qui les aide pour les différentes étapes (créer une association, élaborer un projet collectif, un budget) ; une convention d'occupation et d'usage qui précise toutes les modalités d'application de la charte ; une expertise technique et des conseils sur les pratiques respectueuses de l'environnement adaptées à Paris ; les programmes de cours de jardinage. Le jardin peut être associé aux manifestations organisées par la Ville comme la fête des Jardins.

L'association s'engage à respecter les points suivants : le jardin est ouvert au public quand l'un des membres de l'association est présent et deux demi-journées par semaine dont une de préférence le week-end. L'association organise au moins un événement public par saison de jardinage. Elle affiche de manière visible le nom de l'association et ses coordonnées, les modalités d'accès au jardin, les activités proposées et les dates de réunion. Elle appose le logo Main verte sur le jardin. L'association élabore collectivement et affiche les règles de fonctionnement du jardin.

Elle s'engage à privilégier une gestion écologique du site en évitant les produits phytosanitaires, les pesticides et les engrais chimiques et le gaspillage de l'eau. Elle développera le compostage de proximité, la récupération des eaux de pluie et le choix d'essences adaptées au sol et au climat. Elle mènera ses activités sans causer de gêne au voisinage.

L'association prendra une assurance responsabilité civile. Elle présentera un compte rendu annuel du bilan d'activité qui sera disponible à la consultation en mairie d'arrondissement.

Le jardin de la Butte Bergeyre (Paris 19e), un des cinquante jardins du réseau Main verte de Paris.

Des relais régionaux

Reste que la mise au point d'un programme à l'échelle d'une commune, d'une agglomération ou d'une région est une procédure qui nécessite du temps et la mobilisation de moyens humains et financiers. Commander une étude, rédiger un document-cadre, publier des brochures d'information ne se fait pas dans l'improvisation. Dans la plupart des régions, les collectivités se sont appuyées sur les correspondants régionaux du réseau Le Jardin dans tous ses états (JTSE) pour les accompagner dans la définition du programme ou même dans sa conduite. La Ville de Paris s'est adressée à Graines de Jardins, le correspondant régional du réseau en Île-de-France, pour la conception du programme Main verte.

En Aquitaine, ce sont les associations Les Jardins d'aujourd'hui et SaluTerre, membres du JTSE, qui accompagnent l'émergence de bon nombre de jardins collectifs. La Ville de Bordeaux, précurseur en la matière, encourage les jardins partagés qui présentent une forte dimension d'autoproduction, ce qui a fait dire au sociologue Daniel Cérézuelle que la récolte de légumes et de fruits frais pouvait s'apparenter à un "13e mois jardiné" pour des familles aux revenus modestes.

Dans le midi de la France, le conseil régional Provence-Alpes-Côte d'Azur appuie depuis plusieurs années le réseau des Jardins solidaires méditerranéens, qui regroupe une cinquantaine d'associations des Bouches-du-Rhône, du Var et du Vaucluse. L'aide de la région permet notamment de promouvoir le compostage et le recours aux énergies renouvelables.

Des municipalités attentives

À Nantes, qui accueille une quinzaine de jardins partagés sur son territoire, la municipalité a choisi de favoriser l'attribution de parcelles individuelles selon un modèle qui rappelle les jardins familiaux. Le dialogue entre la mairie et les associations de quartier, qui est fort, se traduit par la cohabitation des lopins individuels avec des espaces publics gérés par le service des espaces verts. La phase de concertation pour la création d'un jardin collectif est menée de manière approfondie, ce qui a permis

Fleurs et légumes se mélangent au potager de la Crapaudine (Nantes).

Le jardin partagé d'Aniane s'étend sur un hectare et accueille plus de 60 familles

d'éviter des aménagements standardisés. Les jardins partagés nantais sont extrêmement divers : il y a peu de points communs entre le potager de la Crapaudine, qui s'étend sur 5 hectares à la lisière de la ville, et le petit square du Lait de Mai, d'une surface de quelques centaines de mètres carrés en plein centre. Mais la juxtaposition d'un espace entretenu par les services de la Ville et d'un autre, cultivé par les habitants, donne partout la sensation de lieux harmonieux, habités. Reste que 800 parcelles et 15 hectares de jardins ne suffisent pas à répondre à l'ensemble de la demande, et les listes d'attente sont longues.

La région Rhône-Alpes et la Communauté urbaine de Lyon se sont elles aussi engagées dans une politique en faveur des jardins collectifs à la fin des années 1990. Le Passe-Jardins, correspondant régional du réseau Le Jardin dans tous ses états, a été missionné pour faire émerger les projets. En novembre 2006, une politique de soutien à la création de jardins collectifs a été votée par le Grand Lyon, qui l'inscrit parmi les objectifs de l'Agenda 21.

À Brest et à Lille, la formule est similaire. Les associations Vert le jardin et les Ajonc sont subventionnées par la ville et par la région (Bretagne, Nord-Pas-de-Calais) pour créer des jardins partagés sur l'ensemble du territoire. Elles animent aussi le réseau local et organisent différentes manifestations comme des journées d'échanges et de formation.

Ça m'aide à vivre quand je regarde les plantes, quand je vois les gens qui sont là, tranquilles.

Léa, jardin de l'Aligresse.

La ville de Montpellier s'est lancée dans l'aventure du jardinage collectif plus tardivement, à la faveur de la mobilisation d'habitants pour la création d'un jardin avenue Clemenceau. En 2005, un programme municipal était lancé, appelé Main verte, comme à Paris. « Notre ambition était d'emblée écologique et sociale. Il y avait une envie de nature, un besoin d'espaces verts en ville, mais pas simplement d'un décor », raconte l'élu montpelliérain à l'origine du programme. Plus de dix jardins partagés y ont été créés. La municipalité s'appuie parfois, pour leur animation, sur les maisons pour tous, qui y emmènent des enfants des centres de loisirs. Ici comme ailleurs, les jardins nés d'une demande des habitants sont les plus vivants, tandis que ceux qui ont été prescrits par la Ville mettent plus de temps à être investis.

Sur le plan politique, des élus de tous bords soutiennent les projets de jardin partagé. Le parti des Verts les a fait figurer dans son programme national, et plusieurs de leurs élus ont joué un rôle important dans leur développement à Paris, Montpellier, Lille et Lyon.

En dépit des soutiens reçus, les structures associatives qui portent ces initiatives demeurent relativement fragiles, car leur investissement en temps est considérable et elles restent tributaires de politiques qui évoluent.

Des jardins en réseau

À Lyon, Paris, Nantes, Lille et Montpellier, les collectivités cherchent à favoriser l'éclosion d'un véritable réseau à l'échelle de la commune. Une brochure ou un site Internet recensant l'ensemble des jardins et des projets en cours est l'outil le plus répandu pour forger l'identité d'un programme. La Ville de Paris, comme celles de New York et Montréal, a donné une traduction graphique à son réseau en mettant au point un logo – une feuille stylisée qui ressemble à une main (la "Main verte"), un arrosoir, la tour Eiffel et un papillon. La municipalité parisienne édite une brochure qui contient la carte des implantations de jardins partagés sur le territoire ainsi qu'une lettre d'information trimestrielle qui transmet les nouvelles du réseau et des conseils horticoles de saison. Le réseau propose également un troc par trimestre et un débat par mois – le "café-jardin". Ce réseau a fait des petits, puisqu'en 2005 sont apparus les premiers jardins « Petites Mains vertes », jardins pédagogiques animés par des professeurs des écoles et des animateurs de centres de loisirs dans des espaces verts publics.

Les collectivités sont de plus en plus nombreuses à constater le succès des expériences qui font cohabiter l'espace public avec une parcelle associative. Les changements de mentalité sont inattendus : au départ réticents vis-à-vis d'une politique qu'ils percevaient comme un abandon du domaine public au monde associatif, les jardiniers municipaux constatent que la création d'un jardin partagé dans leur secteur s'accompagne d'un plus grand respect pour leur travail. Des relations privilégiées se nouent entre agents des services des espaces verts et jardiniers-habitants.

De leur côté, les citadins qui apprennent des méthodes de jardinage respectueuses de l'environnement dans un jardin partagé peuvent se montrer plus vigilants vis-à-vis de municipalités qui recourent encore à des produits phytotoxiques pour l'entretien des jardins publics. Ils pourront aussi transmettre leurs connaissances à des amis ou des membres de leur famille habitués à recourir aux mêmes produits dans leur jardin privé, et ainsi faire évoluer les mentalités.

Des anciens "murs à pêches" de Montreuil, vaste labyrinthe horticole qui alimentait l'Ile-de-France en fruits, il ne subsiste plus aujourd'hui qu'une quarantaine d'hectares, dont dix sont classés. Un appel à projets de la mairie lancé en 2005 y a fait germer pas moins de cinq jardins collectifs. Ainsi, "Vivre les Murs" propose à des personnes en difficulté de s'initier au jardinage biologique dans un potager et un verger. Le jardin du café social "Ayyem Zamen" accueille quant à lui des retraités, surtout maghrébins, qui y trouvent l'occasion de "retourner à la terre, de replonger dans la ruralité et leur histoire". Ces activités reposent sur l'action obstinée de bénévoles, dont le dynamisme redonne vie au site.

chronique du j

Été 2005. Le compte à rebours a commencé pour le Jardin solidaire qui, en signant une convention d'occupation du domaine public, s'est engagé à libérer le terrain quand démarrerait le chantier du gymnase. Mais plus que jamais, les activités battent leur plein et le jardin devient un des lieux les plus agréables du quartier. Les fêtes populaires, les projections de films attirent un public de plus en plus nombreux. Malgré l'hostilité de certains élus et la perplexité de la police, le Jardin solidaire devient un symbole de l'autogestion et de la force de créativité des habitants.

Depuis le début, ce jardin est une sorte de territoire libéré où la responsabilité de chacun est engagée quand il s'y trouve. Le jardin n'existerait pas si nous en avions demandé l'autorisation. Il existe désormais.

Où il se confirme que les flics sont des lecteurs attentifs de nos affiches et de nos tracts. Ils se sont déplacés pour nous expliquer qu'il était impossible que le jardin soit ouvert la nuit. Au moins, ils acceptent désormais l'existence du jardin, mais ils compromettent nos projets car cet été nous prévoyons des projections de cinéma en plein air toutes les semaines pendant le mois d'août.

Rencontre avec des graffeurs dans le jardin. Après quelques explications sur nos intentions, nous nous mettons d'accord pour qu'ils réalisent l'écran de cinéma : Cinecittà. Cédric et moi ouvrons une porte dans une palissade du jardin qui donne dans une impasse où sont installés les Petits Pierrots. C'est une association du quartier qui s'occupe des enfants et gère un terrain d'aventure. Nous leur avons proposé de faire du soutien scolaire dans leur salle. Plusieurs personnes de l'association le Jardin solidaire sont partantes.

14 juillet. Nous organisons un concert de musique africaine suivi d'un feu d'artifice. Je laisse à Horace une boîte de pétards et un briquet avant qu'il ne disparaisse dans le jardin. Je crois n'y avoir jamais vu autant de monde. Pour l'ouverture du concert, toutes les petites ont répété un spectacle de danse. Léger moment de trac lorsqu'elles montent sur la scène qui domine le jardin. Il faut dire qu'elles sont éclairées et que le public est venu en nombre. Cédric les annonce au micro et lance la musique. Le début est un peu hésitant, mais elles retrouvent vite la choré. Bientôt, elles sont accompagnées au djembé par des musiciens du groupe. Une boule à facettes suspendue au-dessus de leurs têtes fait tournicoter des carrés de lumière multicolore. L'ambiance est extraordinaire.

(...) Il fait très chaud. Chacun se réfugie à l'ombre tandis que les enfants ont squatté le tuyau d'arrosage et barbotent dans la piscine que nous avons installée sur la pelouse. Les fins d'après-midi s'étirent au soleil couchant devant la serre et le kiosque. Le jardin ne ferme plus que tard le soir. Parmi les attractions du jardin, le banc de musculation complet que nous avons installé ne désemplit pas. Tous les adolescents qui se retrouvent d'habitude au carrefour de la rue des Haies et de la rue de la Réunion y défilent toute la journée.

La période estivale nous amène chaque jour de nouveaux visiteurs. Le jardin est devenu une attraction du quartier. Des articles de presse confirment notre nouvelle notoriété.

Aujourd'hui, je me suis lancé dans le pastiche. J'ai ouvert avec les ados un mur du jardin à la pioche, puis j'ai dessiné un visage géant dont le trou béant forme la bouche. Le tout intitulé "Bomarzo Nuevo" en hommage au fameux jardin italien.

Première projection de la saison. Alors que le soir tombe lentement, les gens arrivent par petits groupes. Nos bancs ne suffisent bientôt plus à contenir le public qui s'installe sur la pelouse. Le temps idéal et nos publicités ont fait salle comble.

Nous avons prévu un dessin animé en première partie, puis un film sur le reggae. Mais voilà qu'en pleine séance, alors que tout le monde est absorbé par le film, les flics débarquent en escadron. Mitraillettes et chiens policiers, leur déploiement contraste singulièrement avec le calme qui règne dans le jardin. Après un tour d'inspection et quelques explications, ils repartent sans commentaires. Il fallait bien s'attendre à quelques manœuvres d'intimidation.

Le jardin intéresse de plus en plus de gens, groupes scolaires ou associations. Nous avons donc mis au point des fiches techniques pour préparer leurs visites. Tous les mercredis, nous accueillons déjà un groupe d'enfants de la paroisse Don Bosco pour des séances de jardinage ou des activités plastiques.

Le jardin a trouvé son rythme, mais pour combien de temps encore ? Le projet de gymnase qui doit prendre sa place suit son cours et la mairie du 20e ne semble pas prête à revoir son emplacement. Pourtant, le quartier manque cruellement d'espaces verts. Peu importe le temps qu'il nous reste, il faut continuer. Après tout nous ne serons pas les premiers à avoir créé une zone d'autonomie temporaire (cf. page xx 29). Pourtant, la fin du jardin risque d'en laisser plus d'un désemparé. Je pense à moi en particulier.

Épilogue

Le Jardin solidaire a été fermé à l'automne 2005 pour laisser la place à un gymnase municipal, des logements sociaux et un parking. La mairie de Paris propose alors un autre espace, de 1 500 m², dans le même quartier, pour que l'association puisse poursuivre ses activités.

Après discussion, l'association Le Jardin solidaire décide de refuser cette proposition : les jardiniers estiment que l'expérience qu'ils ont vécue n'est pas transportable ailleurs. Mais plusieurs membres de l'association, des habitants qui ont aimé le Jardin, et bien d'autres, qui découvrent les jardins partagés, se lancent dans une nouvelle aventure : le jardin des Haies partagées ouvre ses portes à l'automne 2007. On y retrouve des arbres du Jardin solidaire, qui avaient été déplantés et laissés en motte pendant plus d'un an.

Quant à Olivier Pinalie, qui, avec quelques autres, avait rêvé, défriché et cultivé le Jardin solidaire, il choisit de l'emmener "en ambassade". Une exposition (*Loin*), organisée du 1er septembre au 28 octobre 2006, montre ce qui reste de la formidable épopée du jardin. Des photos du terrain en pente douce, la forêt de buddléias réduite en grumes, le kiosque et le banc portent un étrange message – celui d'une utopie qui a existé ?

Les plantages de Lausanne

« À deux pas de chez vous, un lopin de terre à cultiver, ça vous tente ? » C'est par cette invite qu'un dépliant municipal lançait en 1995 les "plantages" de Lausanne. Le service des Parcs et promenades, à l'origine du programme, propose la mise à disposition de lopins d'une surface comprise entre 6 et 48 m² – toujours par multiple de 6 – dans des quartiers résidentiels. Les parcelles proposées sont proches du domicile des jardiniers pour qu'ils puissent s'y rendre à pied en quelques minutes, avec des outils. L'aménagement est simple et fonctionnel : le labour du terrain, la création d'un réseau de cheminements, une alimentation en eau et la pose de clôtures de protection sur le pourtour de la parcelle sont pris en charge par la municipalité. Chaque jardinier s'acquitte de 20 francs suisses d'inscription et verse une cotisation de 3 francs par an et par mètre carré pour couvrir les frais de consommation d'eau. Le dispositif, complémentaire des jardins familiaux, rencontre rapidement le succès, et d'expérimental, il devient pérenne. À Genève, dans le canton voisin, l'idée des plantages fait aussi son chemin. La rue Lissignol, en plein centre-ville, est précurseur en matière de jardinage urbain. Depuis sa fermeture à la circulation, on y jardine la rue, dans de grandes jardinières. Dans le quartier des Ouches, c'est le principe des plantages lausannois qui est repris : de grandes surfaces engazonnées au pied des immeubles sont transformées en jardins pour les habitants. L'association Les Zabouches, qui regroupe dans le même quartier les habitants de plusieurs immeubles autogérés, a créé des jardins collectifs au pied des habitations.

➲ *À Lausanne, les habitants peuvent jardiner des parcelles d'une surface comprise entre 6 et 48 m².*

Jardins communautaires de Montréal

Lorsqu'on parcourt les rues de Montréal pour la première fois, ces petits lopins de terre que l'on ne voit pas, tant leur immersion dans la ville est totale, semblent incroyablement incongrus : des salades et des tomates au milieu des immeubles d'habitation, des haricots grimpants défiant les tours du centre des affaires, la luxuriance des fleurs de courgette, des aubergines et des "mauvaises herbes", au beau milieu de parcs municipaux soigneusement entretenus… Les jardins communautaires ont pris racine dans tous les quartiers !

Depuis la fin des années 1970, période à laquelle a émergé le premier jardin, l'engouement des Montréalais pour ces petits paradis ne s'est jamais démenti. On compte maintenant quelque 10 000 citoyens-jardiniers sur tout le territoire.

Si le programme des jardins communautaires de la Ville de Montréal est reconnu en Amérique du Nord, c'est grâce à un soutien politique fort, à l'existence d'un programme à l'échelle de la ville, et donc à un accompagnement administratif important.

Dès leur apparition, les jardins sont envisagés et présentés comme des espaces urbains de loisir. Ils se démarquent ainsi sensiblement de leurs semblables nord-américains, majoritairement édifiés et régis par des groupes préoccupés par des questions d'entraide communautaire et de développement de solidarités.

À l'image de la population de Montréal, à l'image aussi des quartiers où ils sont implantés, les jardiniers viennent d'horizons très différents. C'est là toute leur richesse : les motivations et les échanges sont nombreux, et les listes d'attente s'allongent. La fierté des jardiniers envers leur production les conduit à faire preuve d'une grande générosité, très sincère et très spontanée. Cela va de l'échange de conseils, de techniques et de savoir-faire à celui de recettes ou de légumes, en passant par l'échange des graines et des plants.

Jardin communautaire de Mile End, à Montréal (Québec).

On s'y raconte l'histoire de la famille, les trajectoires de chacun, et les techniques de jardinage des quatre coins du monde. Les débutants peuvent faire appel à l'animateur horticole qui passe régulièrement pour répondre aux questions et prodiguer des conseils.

Non contents de jardiner des parcelles, les Montréalais se sont lancés dans une nouvelle aventure : jardiner la rue. La municipalité apporte son soutien à la démarche via le programme des "ruelles vertes". Elle organise chaque année un concours entre "éco-quartiers" qui suscite une vraie émulation. Résultat : des allées autrefois dévolues aux dépôts d'ordures deviennent des lieux d'échange et d'expérimentation environnementale. Les jardins gagnent sur le bitume.

Jardins communautaires et ruelles vertes embellissent la vie des habitants. Ils apparaissent comme la métaphore du lieu urbain postmoderne, permettant à la fois rencontres et anonymat, désir de ville et de nature, de travail et de loisir. Les jardiniers de Montréal ont inventé une nouvelle manière d'être citadin : en habitant, sur un mode éphémère, la campagne à la ville.

Nathalie Daclon, auteure d'un mémoire de sociologie urbaine sur les jardins communautaires de Montréal.

4 utopies jardinières

Un jardin partagé est toujours le fruit de l'énergie collective : pour jardiner ensemble, il faut d'abord rêver, parfois lutter et surtout construire à plusieurs.

Bien des expériences ont été tentées ces dernières années pour réconcilier l'Homme avec le vivant. Voyage au pays de ces utopies réelles, rêvées ou évanouies, mais toujours partagées.

La maquette du jardin Nomade a permis de rêver le jardin, avant de le créer.

Un jardin en modèle réduit

Un jardin commence parfois par une maquette. Dans le quartier Saint-Bernard (Paris 11e), à l'angle de deux petites rues calmes, il y a un terrain vague. Un jour il y aura peut-être une médiathèque. Mais en attendant ? « Et si on faisait un jardin éphémère ? Un jardin nomade… »

En modèle réduit, l'association dispose des carrés de culture, une cabane et des figurines en plastique coiffées d'un chapeau de jardinier. Des bouteilles en plastique multicolores fixées sur des poteaux tournent au gré du vent. Girouettes ou éoliennes ?

La maquette est un prototype. « Le rêve est de voir pousser des jardins, provisoires ou non, dans toutes les friches de la ville. Il pourra y avoir des jardins collectifs pérennes et des jardins "nomades" sur des terrains vagues », écrit l'association du quartier Saint-Bernard. Les saisons passent, le jardin se crée. Il est toujours là aujourd'hui. Le prototype ? Finalement aucun jardin ne lui ressemble, pas même celui-là…

Asphalt jungle

Une place de parking se libère. L'équipe arrive, met une pièce dans le parcmètre.

Ensuite, elle déroule un tapis de gazon, un arbre en pot est installé, puis un banc. Le jardin est délimité côté rue par des cordes reliées entre elles par des pieds en fonte. Le park(ing) est ouvert au public. Il ferme lorsqu'il n'y a plus d'argent dans le parcmètre.

Park(ing) est une idée qui a germé dans les cerveaux d'un groupe d'activistes de San Francisco, regroupés dans le collectif Rebar. Le premier park(ing) a été créé le 16 novembre 2005, de midi à 14 heures, soit deux heures de jouissance

Le parking devient park(ing), le temps d'une halte chronométrée par le parcmètre !

d'un espace public généralement privatisé. « Le déficit croissant d'endroits où les êtres humains peuvent se reposer, se détendre ou simplement ne rien faire représente un des défis les plus importants que doit relever l'aménagement urbain, affirme le collectif. Dans le centre de San Francisco, plus de 70 % de l'espace est occupé par l'automobile individuelle, tandis que seulement une petite fraction de cet espace est allouée à un usage public. »

Un petit rêve urbain

Rahel Hegnauer, artiste suisse basée à Zurich, pose ses valises pendant l'été 2006 à la Goutte d'Or, quartier cosmopolite au pied de la butte Montmartre, à Paris. Elle repère une friche et décide d'y cultiver un potager éphémère, avec des cercles de terre plantés de légumes. « Le jardin est un lieu où chacun projette ses désirs. On y présume des secrets, des miracles, des moments heureux », dit-elle. Pour Rahel, le jardin temporaire crée "un petit rêve urbain".

Après le départ de Rahel et de ses cercles jardinés, des habitants ont créé un autre jardin, baptisé La Goutte verte. Les cultures y dureront le temps que démarre le chantier de construction d'une HLM. Certains jardiniers espèrent qu'ils y seront logés.

Les cercles jardinés de Rahel Hegnauer ont donné l'idée d'un autre jardin temporaire, dans ce quartier de la Goutte d'Or (Paris 18ᵉ).

Des jardiniers squatters

Un "potager utopique" sur le campus de l'université de Grenoble : les jardins se partagent décidément partout !

L'association Jardins d'utopie, née en mars 2006 pendant le mouvement anti-CPE (contrat première embauche), cultive deux petits potagers sur le campus de l'université de Grenoble. Les étudiants-jardiniers se sont lancés sans autorisation dans la culture de pommes de terre, tomates, poireaux et fraises pour rompre avec la "malbouffe" étudiante. Ailleurs, des potagers collectifs s'enracinent sans attendre le feu vert des autorités : à la Ferme du bonheur, à Nanterre, aux Tanneries de Dijon ou aux Pavillons sauvages de Toulouse, des jardiniers-squatteurs font germer légumes bio et rencontres entre voisins.

Sous les pavés, les potagers !

En 2003, puis en 2006, des rassemblements contre le brevetage du vivant sont l'occasion de joyeuses récréations jardinières dans les rues de Lyon. Plants de choux, tomates, épinards et herbes médicinales sont repiqués dans les plates-bandes et les terrains vagues.

À chaque plantation, un panneau indique : « Contre les biotechnologies et les géants de l'alimentation capitaliste – Sème ta zone et fais pousser ! »

À travers les campagnes françaises, les "faucheurs volontaires", opposés à la culture d'organismes génétiquement modifiés, se font aussi "semeurs volontaires" : après avoir arraché du maïs OGM, ils répandent des semences bio dans les parcelles d'essai en plein champ.

Art végétal éphémère

Les Jardins temporaires, installations réalisées par des paysagistes, architectes, plasticiens et designers pendant trois jours en juillet 2000 puis en juillet 2001 dans le quartier de l'Eure, au Havre, ont

Un jardin temporaire, ici à Berlin en 1997.

modifié le regard porté sur ce quartier, situé à la lisière entre le port et la ville. Lors de la seconde édition, des habitants se sont prêtés au jeu de la création avec les artistes invités.

Les Jardins temporaires du Havre s'inscrivent dans la démarche des *Temporäre Gärten*, initiée à Berlin en 1997 par les paysagistes Daniel Sprenger et Marc Pouzol, de l'atelier Le Balto, qui ont imaginé ce dispositif de révélation et de transformation d'espaces délaissés et de lieux en transition.

Un "jardin de résistance"

Un jardin d'eau et d'orties : dans le parc de la Maladrerie, à Melle, dans les Deux-Sèvres, le jardinier-paysagiste Gilles Clément a voulu montrer à petite échelle la possibilité de créer une alternative à un système qui détruit ou qui confisque les biens communs que nous offre la nature.

Rétablir l'équilibre biologique des milieux aquatiques par le lagunage, qui filtre la pollution de l'eau, lutter contre la marchandisation du vivant en mettant en scène les usages de l'ortie, tels sont les objectifs de ce "jardin de résistance".

Le purin d'ortie, que la loi d'orientation agricole classe dans les produits devant faire l'objet d'une autorisation de mise sur le marché, est préparé sur place et distribué gratuitement chaque semaine sur le marché.

La fabrication du purin d'ortie : un acte de "résistance jardinière".

Le parcours botanique imaginé par Liliana Motta à Saint-Paul-le-Gaultier (Sarthe)..

Métissage végétal

L'artiste botaniste Liliana Motta aime les "jardins subversifs" : après la création à Saint-Paul-le-Gaultier, dans la Sarthe, d'un jardin de *Polygonum* (renouées) – souvent considérés comme des mauvaises herbes –, elle crée avec les habitants un parcours botanique à travers le village. Installés au bord d'une route, autour du lavoir ou près de l'église, les jardins, qui mêlent plantes indigènes et plantes introduites, transforment le regard de tous sur le métissage végétal.

Depuis que je jardine, je vais beaucoup moins chez le médecin.

Gisèle, jardin de Pontanezen.

Jardinothérapie

Un réseau d'hôpitaux verts où soignants et malades peuvent jardiner ensemble : c'est le rêve d'Anne Ribes, infirmière, qui anime depuis 1997 un atelier de jardinage avec des enfants autistes à l'hôpital de la Pitié-Salpêtrière à Paris. À Colombes, en région parisienne, elle réunit au jardin les enfants d'une classe de maternelle et des personnes âgées hospitalisées.

Son association, Belles Plantes, accompagne les projets de jardins. Elle a repéré bien des espaces qui, sans dommage pour le bon fonctionnement des services hospitaliers, pourraient devenir des respirations vertes au sein de l'hôpital et des jardins guérisseurs pour ceux qui souffrent.

Anne Ribes (à gauche) anime des ateliers de jardinage avec des enfants autistes à l'hôpital de la Pitié-Salpêtrière, à Paris.

Guérilleros horticoles

Héritiers de Liz Christy, qui avec quelques amis lança l'assaut contre les terrains vagues de New York au début des années 1970, les guérilleros horticoles de Londres, de Toronto et d'ailleurs s'attaquent joyeusement aux lisières de trottoirs, jardinières abandonnées et autres "espaces de désolation" pour y planter fleurs, arbustes et légumes. L'illégalité, la spontanéité et le jardinage nocturne contribuent à créer des liens entre jardiniers urbains, souvent récidivistes.

Le collectif de paysagistes Coloco, basé à Paris, pratique lui aussi l'activisme végétal en confectionnant des bombes de graines propulsées par le "patator", bazooka fait maison.

A Paris, Xavier Coquelet, Mathieu Gontier et François Vadepied, jeunes paysagistes, proposent de cultiver l'utopie de la rue jardinée : sur les berges de la Seine et le long des trottoirs, ils dessinent des jardins qui recyclent les matériaux et qui mettent des touches de vert dans le gris.

➲ À Paris, une proposition d'aménagement d'un square ((boulevard d'Algérie, en photo dans son état initial). Les bandes pour le cheminement sont régulièrement sarclées, les bandes "livrées" au végétal spontané sont jardinées (taille, sélection des plantes favorisées). Elles sont "protégées" simplement par des alignements de bancs.

Le pensionnat des plantes en pots

Rassembler dans un jardin public les plantes en pots des citadins partis en vacances, telle est l'idée de l'artiste paysagiste Antoine Quenardel. Ce carré d'été/*summer square*, qui permet l'arrosage des plantes vertes, est également propice aux rencontres entre jardiniers d'appartement.

Faire son miel de la ville

Lâcher des ballons qui emportent des graines de plantes mellifères, créer des zones de butinage urbain autour d'un "pollinisateur", ruche urbaine où l'on peut récolter, puis déguster le miel de la ville, voilà le socle du programme du Parti poétique, fondé par Olivier Darné. Ce plasticien et apiculteur urbain a commencé par installer des ruches sur le toit de la mairie de Saint-Denis, dont la récolte, savoureuse, est étiquetée "Miel béton". « Les analyses

Envol de graines de plantes mellifères

polliniques de différents crus montrent la paradoxale biodiversité de la ville, plus forte que celle des zones de grandes cultures, polluées par la chimie, » raconte Olivier Darné.

Le Parti poétique cherche à révéler le territoire invisible de la ville : friches, alignements d'arbres, balcons et appuis de fenêtre, jardins ouvriers et partagés sont le "terroir" des abeilles et des explorateurs urbains, qui partent ensemble à leur découverte.

Dessine-moi un jardin

Imaginer un jardin sur une feuille de 21 x 29,7cm, puis le créer dans la rue, dans un bac ou en pleine terre, c'est la proposition que fait l'association "Jardin format A4" aux enfants des écoles primaires. L'architecte-urbaniste Pierre Bernard, son fondateur, a mis en ligne des cahiers numériques avec des photos qui permettent aux enfants de montrer leurs micro-jardins et de suivre leur évolution au fil des saisons. Les jardiniers, enfants ou enseignants, peuvent aussi dialoguer entre eux à travers la France grâce à l'outil Internet.

Des jardins format A4 créés par des enfants de l'école maternelle des Eguérets, à Jouy-Le-Moutier dans le Val d'Oise (www.format-a4.org).

Notes

1 www.lizchristygarden.org
2 www.greenguerillas.org
3 En référence à Che Guevara, célèbre compagnon de lutte du dirigeant cubain Fidel Castro.
4 Allusion au débarquement américain dans la baie des Cochons à Cuba en avril 1961.
5 Les "enfants fleurs", autre nom des hippies : ils portaient des fleurs pour symboliser la paix et l'amour.
6 www.jardinons.com
7 www.ajonc.org
8 Gérard Monédiaire (dir.), *Agricultures urbaines et Ville durable européenne : Droits et politiques du jardinage familial urbain en Europe* (voir biblio).
9 Françoise Dubost, *Les Jardins ordinaires* (voir biblio).
10 Michel Ragon, *Histoire de l'architecture et de l'urbanisme modernes, Idéologies et pionniers, 1800-1910* (voir biblio).
11 Gerrard Winstanley, *L'Étendard déployé des vrais niveleurs* (voir biblio).
12 *Reclaim the Streets* en Angleterre, www.rts.gn.apc.org
13 D'inspiration anarchiste, le concept de zone autonome temporaire renvoie à l'idée de petites enclaves éphémères qui « auraient pour seule loi la liberté » (www.lyber-eclat.net/lyber/taz.html).
14 Bernadette Lizet et Sonia Braham, en collaboration avec Anne-Élène Delavigne, *La Friche de la rue Juliette-Dodu : inventaire floristique, ethnobotanique, paysage*, (MNHN), 2004.
15 La Forêt des Délaissés est un travail de recherche mené par l'architecte Patrick Bouchain et le paysagiste Gilles Clément qui a donné lieu à une exposition à l'Institut français d'architecture.
16 Allusion aux fondatrices du bureau d'études en paysage Boulingrin.
17 Chaque arrondissement de Paris est découpé en quatre quartiers administratifs. Charonne est le 80e quartier de la capitale.
18 Lieu imaginaire évoqué par William Faulkner dans plusieurs de ses romans.
19 www.diggers.org/ringolevio.htm. Pendant la période hippie, des Diggers contemporains, inspirés par les Diggers anglais du XVIIe siècle, distribuent de la nourriture et organisent des fêtes ouvertes à tous dans un quartier de San Francisco.
20 Office public d'aménagement et de construction.
21 Société immobilière d'économie mixte de la Ville de Paris.
22 En référence à l'exposition intitulée le « Jardin planétaire » conçue par le paysagiste Gilles Clément.
23 www.cityfarmer.org et www.euro.who.int/document/sed/15case10f.pdf
24 www.rooftopgardens.ca.
25 Méthode de culture hors sol. Les plantes ne poussent pas dans de la terre mais dans un substrat.
26 Technique décrite par Éric Prédine et Jean-Paul Collaert (voir biblio).
27 Les Pava n'ont pas de site Internet propre. Il faut chercher sur Internet Pava et le nom de sa région.
28 www.avise.org
29 www.jardinons-ensemble.org
30 www.compostage-au-jardin.org
31 http://geres.free.fr
32 Troupeaux de chevaux ou de taureaux.
33 www.noeconservation.org
34 www.poireauagile.new.fr
35 www.kokopelli.asso.fr
36 7, place Youri Gagarine, Cité des Cosmonautes, 93200 Saint-Denis. Tél. : 01 48 29 73 70. Mél : apij1@apijbat.com
37 www.alliancepec.free.fr
38 Gardou Charles, *Fragments sur le handicap et la vulnérabilité* (voir biblio)
39 *http://jardindefalbala.blogspot.com*
40 http://potagerdesoiseaux.noosblog.fr

Remerciements

Nous remercions ici chaleureusement toutes les personnes qui nous ont accordé du temps pendant les reportages:

Bordeaux: Franck David (SaluTerre); Florence Tchavdaroff (Les Jardins d'Aujourd'hui); Emmanuelle Pécorini et Cédric Marauri (Espace socio-culturel du Haillan); Salvator (jardin de Beau Désert).

Brest: Michel Campion (Vert le Jardin); Gisèle et Michelle (jardin de Pontanezen); Yvon, Mano et Monique (Ty jardin, jardin Penn Arvaly et jardin de Maleyssie).

Lille: René Penet (les Amis des jardins ouverts et néanmoins clôturés - Ajonc); Olivia (jardin des Maguettes) et Christine (jardin des (Re)trouvailles).

Lyon: Catherine Creuze, Béatrice Charre et Gersivan Pereira (le Passe-Jardins); Nicole et Joëlle (jardin de l'Envol); Evelyne (jardin Brin d'Guill); Pascale Charcosset (Association régionale des infirmes moteurs cérébraux - Arimc); Xavier, Lionel, Benjamin, Christian, Alain (jardin de l'Arimc).

Marseille: Julien Nadreau (Accueil et Rencontres); Hasmik et Georges (jardin des Aures).

Montpellier et Aniane: Béatrice Guégan, Christiane Guiot et Laurent (Jardin Clemenceau); Bruno Pioch et Roger (Vivre à Aniane).

Nantes: Sylvie Le Bail et Cyril Olivier (En cours de Route); Robert Laly (Jardins de la Crapaudine); Marie-France Ringeard (service des Espaces verts et de l'Environnement de la Mairie de Nantes).

Paris: Olivier Aubert et Vincent Thomas (les Haies partagées, association du Jardin partagé Casque d'Or); Elise Balas, Jacques et Cécile (Leroy Sème); Véra Briole (Eco Box); Bruno Garnerone et Gérald Kauffer (l'îlot Lilas); Annie Stansal, Renaud Cabrol, Sylvie Perron, Cécile Petitet, Toni Briceno, Léa, Paul, Catherine… (jardin de l'Aligresse, association la Commune Libre d'Aligre); Thierry Le Dez (Les Jardiniers de l'Aqueduc); Samantha (Jardin de l'Aqueduc) et Dominique Simonpierre Delorme, apiculteur; Martine Pételot, Roselyne Demange et Annick Cousin (Jardin Nomade, association du Quartier Saint-Bernard); Valérie Navarre (Lafayette Accueil); Viviane, Jean-Michel, Micheline, Mohamed, Christian (jardins du béton Saint-Blaise); Jean-Paul Potonet (jardin Saint-Serge); Raphaël Proffit (jardin Charmante Petite Campagne Urbaine); André Rembiesa et Bruno Charenton (Potager des Oiseaux, association des Jardiniers du 3e); Gilles Roux (association Ville Mains Jardins); Emmanuelle Bouffé et Marc Raynal (jardins Passagers de la Villette).

Toulouse (Tournefeuille): Jean-Louis Fabry (association régionale pour l'environnement Midi-Pyrénées); Dominique Dupouy (Les Jardiniers de Tournefeuille); Dabia Lefgoum (Partage Faourette).

Nous exprimons également notre gratitude envers toutes celles et ceux qui ont accepté de nous confier leurs photos, de relire le manuscrit et qui ont nourri la réflexion de ce livre, particulièrement:

Marigrine Auffray-Milésy, Julien Bailly, Bruno Ballet, Agnès Bellart, Cédric Benyounès, Pierre Bernard, Katrin Besacier, Yann Besse, Françoise Bettiol, Stéphane Bettiol, Pierre Bissery, Celia Blauel, Damien de Blic, Yves Brunet, Olivia Carducci, Emmanuel Chansou, Emmanuelle Chardin, Benoît Côme, Yves Contassot, Xavier Coquelet, Nathalie Daclon, Régis Darthez, Olivier Darné, Claire Deffontaines, Marie-Hélène de Dehn, Michel de Dehn, Valérie Delarce, Laurent Delhaye, Dina Dubois, Françoise Dubost, Mytil Ducomet, Jacques Dupont, Adélaïde Dupré de Pomarède, Irène Dupuis, René Dutrey, Christophe Elain, Florence Faurie-Vidal, Denis Favret, Véronique Fayet, Yann Fradin, Steve Frillmann, Claude Frison, Patrick Gaboriau, Anne Gaillard, JP Géné, Fabienne Giboudeaux, Mathieu Gontier, Denis Grevet, Béatrice Guégan, Annick Guillemaud, Virginie Guiraudon, Rahel Hegnauer, Suzanne d'Hermies, Joël Humbert, Susan Kutner, Sylvie Lalonde, Karim Lapp, Sylvie Laurent-Bégin, Fabienne Leleux, Yann Le Leuxhe, Cyril Le Roy, Jocelyne Le Roy, Thomas Lesay, Anne Le Strat, Noah de Lissovoy, Bernadette Lizet, Denis Loubaton, Sara Lubtchansky, Maguy Ly, Richard Marcotullio, Christian Mary, Didier Mathray, Isabelle Meldrum, John Meldrum, Susan Moon, Laura Morosini, Liliana Motta, Romain Paris, Régine Pattyn, René Penet, Dominique Perez, Jacques Perigaud, Constantin Petcou, Doïna Petrescu, Guy Philippon, Stéphanie Pichon, Marc Pouzol, Roger des Prés, Katherine Profeta, Eric Quiquet, Antoine Quenardel, Claudine Raillard, Yann Renaud, Serge Rivret, Nathalie Robert, Damien Romanet, Magali Roucaut, Jean-Louis Roumégas, Isabelle Sanchez-Torres, Anja Schmid, Lena Soffer, Jacques Soignon, Hélène Soulier, Agnès Sourisseau, Edie Stone, Vincent Thomas, Dominique Truco, François Vadepied, Yann Vandeputte, Dan Wing, les jardins d'Utopie.

les adresses utiles pour démarrer un projet

Jardins partagés

Les correspondants du Jardin dans tous ses états

Aquitaine

SaluTerre – 67 rue Denfert Rochereau – 33220 Sainte-Foy-la-Grande – Tél. 05 57 46 04 37 – saluterre@jardinons.com

Basse-Normandie

Ardes –51 quai de juillet - 14000 Caen – Tél. 02 31 82 43 91 – ardes-bn@wanadoo.fr - www.ardes.org

Bretagne

Vert le jardin – 25 rue du Docteur Pouliquen – 29200 Brest
Tél. 02 98 46 06 92 – vertlejardin@wanadoo.fr
www.vertlejardin.infini.fr

Ile-de-France

Graine de jardins – 11 bis, passage Ramey – 75018 Paris
Tél. 01 42 23 39 25 – grainedejardins@orange.fr
www.grainedejardins.fr
Le portail des jardins partagés et d'insertion d'Ile-de-France : www.jardinons-ensemble.org

Languedoc-Roussillon

État des lieux – 1, Chemin Neuf – 34230 Tressan
Tél. 04 67 96 19 53 – etadlieu@club-internet.fr

Midi-Pyrénées

Arpe – 14, rue de Tivoli – 31068 Toulouse Cedex
Tél. 05 34 31 97 13 – fabry.jl@arpe-mip.com
www.arpe-mip.com

Nord-Pas-de-Calais

Chênelet – 28 rue de Moyecques – 62250 Landrethun-le-Nord – Tél. 03 21 10 51 16 – dhays@chenelet.org
www.chenelet.org

Agglomération lilloise

Les Amis des Jardins Ouverts et Néanmoins Clôturés
13, rue Montaigne – 59000 Lille – Tél. 03 28 55 03 30
ajonc@free.fr – www.ajonc.org

Provence-Alpes-Côte d'Azur

Le Réseau des Jardins Solidaires Méditerranéens
68, chemin des Baumillons – 13015 Marseille
Tél. 04 91 51 73 86 – reseaujsm@free.fr

Poitou-Charentes

Graine Poitou Charente – 97 bis rue Cornet – 86000 Poitiers– Tél. 05 49 01 64 42 – grainepc@educ-envir.org

Rhône-Alpes

Le Passe-jardins – 131, rue Challemel Lacour – 69008 Lyon
Tél. 04 78 00 22 59 – pjardins@club-internet.fr
www.jtserhonealpes.fr

Jardins d'insertion

Réseaux nationaux

Le réseau Cocagne – 2, Grande rue – 25220 Chalezeule
Tél. 03 81 21 21 10 – rc@reseaucocagne@asso.fr
www.reseaucocagne.asso.fr

La Fédération nationale des associations d'accueil et de réinsertion sociale (FNARS) 76, rue du Faubourg-Saint-Denis – 75010 Paris – Tél. 01 48 01 82 00 – fnars@fnars.org
www.fnars.org

Chantier École – 61 rue de la Chapelle, Halle 4 – 75018 Paris – Tél. 01 48 07 52 10 – contact.national@chantierecole.org – www.chantierecole.org

Les Jardins du Coeur (une centaine en France) – Restos du Cœur – 75515 Paris Cedex 15 – www.restosducoeur.org

Associations locales

Association Espaces – 37 route Vaugirard – 92190 Meudon
Tél. 01 55 64 13 40 – www.association-espaces.org

Les Jardins de l'Espérance – chemin des Poissonniers
13600 La Ciotat – Tél. 04 42 08 01 12
http://jardinesperance.free.fr/

Les jardins familiaux

La Fédération Nationale des Jardins familiaux et Collectifs
12 rue Félix Faure – 75015 Paris –Tél. 01 45 40 40 45
www.jardins-familiaux.asso.fr

Le Jardin du Cheminot – 23 rue Yves Toudic – 75481 Paris cedex 10– Tél. 01 42 08 78 22 – www.jardinot.fr

Jardiniers de France – 40, route d'Aulnoye – BP 80559
59308 Valenciennes cedex – Tél. 03 27 46 37 50
contacts@jardiniersdefrance.com
www.jardiniersdefrance.fr

Les jardins pédagogiques

Le réseau École et Nature – 474 allée Henry II de Montmorency – 34000 Montpellier–Tél. 04 67 06 18 70
www.ecole-et-nature.org

La Fédération des Clubs Connaître et Protéger la Nature
La maison des CPN – 08240 Boult-aux-Bois
Tél. 03 24 30 21 90 – info@fcpn.org – www.fcpn.org

Jardins d'ailleurs

Plantages de Lausanne (Suisse) - Service des parcs et promenades - Avenue de Chablais 46 – CP 80
1000 Lausanne 23 - Tél. 41 21 315 57 15.

Jardins communautaires de Montréal (Québec, Canada)
www.ville.montreal.qc.ca/jardinscommunautaires

Bibliographie

Histoire

- Ginette Baty-Tornikian (sous la direction de), *Cités-Jardins, genèse et actualité d'une utopie,* éd. Recherches/Ipraus, 2001.
- Béatrice Cabedoce et Philippe Pierson (sous la direction de), *Cent ans d'histoire des jardins ouvriers*, éd. Créaphis, 1996.
- Jean-François et Nicolas Champeaux, *Les Cités-Jardins, un modèle pour demain,* éd. Sang de la Terre, 2007.
- Jean-René Trochet, Jean-Jacques Péru, Jean-Michel Roy (sous la direction de), *Jardinages en région parisienne XVIIe-XXe siècle*, éd. Créaphis, 2003.
- Gerrard Winstanley, *L'Étendard déployé des vrais niveleurs*, Londres, 1649, trad. française, éd. Allia, 2007.

Sociologie/Ethnologie/Droit

- Olivier Céna, *Les jardins de la sociale*, éd. Du May, 1992.
- Daniel Cérezuelle, *Pour un autre développement social,* éd. Desclée de Brouwer, 1996.
- Françoise Dubost, *Les jardins ordinaires*, Paris, éd. L'Harmattan, 1997.
- Françoise Dubost et Bernadette Lizet (sous la direction de), "Bienfaisante nature", *Communications,* n° 74, éd. Le Seuil, mars 2003.
- "Du terrain vague à la friche paysagée", in S. Della Bernardina (éd)., Terrae incognitae, à paraître.
- Gérard Monédiaire (sous la direction de), *Agricultures urbaines et ville durable européenne : Droits et politiques du jardinage familial urbain en Europe*, éd. Presses universitaires de Limoges, 1999.
- Élisabeth Pasquier, *Cultiver son jardin, chronique des jardins de la Fournilière 1992-2000,* éd. L'Harmattan, 2001.
- *Où va la Ville ?* Revue POUR n° 188, déc. 2005.
- Florence Weber, *L'honneur des jardiniers, les potagers dans la France du XXe siècle,* éd. Belin, 1998.

Urbanisme et Paysage

- L'Atelier, *La forêt des délaissés, ou la reconquête naturelle des friches urbaines*, catalogue de l'exposition à l'Institut français d'Architecture, du 31 mai au 17 septembre 2000.
- Les Carnets du Paysage n° 9 & 10, *Jardiner*, éd. Actes Sud et l'École Nationale Supérieure du Paysage, printemps/été 2003.
- Gilles Clément, *Le jardin en mouvement, de la Vallée au parc André-Citroën*, éd. Sens et Tonka, 2000.
- Gilles Clément, *Où en est l'herbe ? Réflexions sur le Jardin Planétaire*, éd. Actes Sud, 2006.
- Florian Haydn, Robert Temel (sous la direction de), *Temporary Urban Spaces, Concepts for the Use of City Spaces,* éd. Birkhauser, 2006.
- Nicolas Michelin (sous la direction de), *Nouveaux Paris, la ville et ses possibles,* coédition Pavillon de l'Arsenal et Picard, 2005.
- Liliana Motta (texte de Patrick Degeorges), *Nature(s) Unique(s)*, catalogue de l'exposition au Lieu Unique (Nantes), éd. Musica Falsa, 2004.
- Michel Ragon, *Histoire de l'architecture et de l'urbanisme modernes, Idéologies et pionniers, 1800-1910*, éd. Casterman, 1986.
- *Urban/Act, a handbook for alternative practice,* éd. Atelier d'architecture autogérée/Prepav, 2007. Disponible en ligne www.peprav.net
- *Urbanisme,* Jardins, n° 343, juillet-août 2005.
- Ann Caroll Werquin, Alain Demangeon, *Jardins en ville, nouvelles tendances, nouvelles pratiques,* éd. Dominique Carré/Direction de l'architecture et du patrimoine, 2006.

Autogestion

- Hakim Bey, TAZ : *Zone autonome temporaire*, éd. de l'Éclat, 1997.
- *Écologie, graines d'anarchie*, Réfractions n° 18, printemps 2007.
- Alice Le Roy, Laurence Baudelet, "Soutenir les lieux autogérés" in *L'Autre campagne*, éd. La Découverte, 2007.
- Roger des Prés, *La ferme du bonheur - Reconquête d'un délaissé/Nanterre*, éd. Actes Sud, collection « L'impensé », 2007.
- Richard Reynolds, *On Guerrilla Gardening, a Handbook for Gardening without Boundaries*, éd. Bloomsbury, 2008

Écologie

- Dominique Belpomme, *Avant qu'il ne soit trop tard*, éd. Fayard, 2007.
- Dominique Belpomme (avec Bernard Pascuito), *Ces maladies créées par l'homme. Comment la dégradation de notre environnement met en péril notre santé*, éd. Albin Michel, 2004.
- Bernadette Lizet, Ann-Elizabeth Wolf et John Celecia (coordonné par), *Sauvages dans la ville,* éd. Muséum national d'histoire naturelle, 1999.
- Fabrice Nicolino, François Veillerette, *Pesticides : Révélations sur un scandale français*, éd. Fayard, 2007.
- Raymond Tavernier, *La vie des plantes*, éd. Larousse, 1977.

Jardinage bio

- *Jardins écologiques d'aujourd'hui*, ouvrage collectif, éd. Terre Vivante, 2004.
- Dominique Guillet, *Les Semences de Kokopelli*, éd. Kokopelli, 7e édition.
- Dominique-Louise Pellegrin, *Stratégies de la framboise, Aventures potagères*, éd. Autrement, 2003.
- Denis Pépin, *Compost et paillage au jardin, Recycler, fertiliser*, éd. Terre Vivante, 2003.
- Éric Prédine et Jean-Paul Collaert, *L'art du potager en carrés*, éd Edisud, 2000.
- Victor Renaud, *Parasites : les traitements bio*, éd. Rustica, 2004.
- Otto Schmid et Sylvia Henggeler, *Ravageurs et maladies au jardin*, éd. Terre vivante, 2004.
- Jean-Paul Thorez, *Le guide du jardinage biologique*, éd. Terre Vivante, 1999.
- Hans Wagner, *Le poireau préfère les fraises*, éd. Terre Vivante, 2001.

Éducation à l'environnement

- Christophe Elain, *Un petit coin pour soulager la planète*, éd. Eauphilane, 2005.
- Bruno Feridun, *Jardiner avec les enfants*, éd. Ouest France, 2005.
- *Jardiner avec les enfants*, Graine Ile-de-France et Jardiniers de France, 1998.
- *Le jardin des possibles. Guide méthodologique pour accompagner les projets de jardins partagés, éducatifs et écologiques*, éd. Réseau École et Nature, 2003.
- *Jardinons La Ville*, brochure sur le jardinage urbain, téléchargeable sur le site Internet de la ville de Paris, www.paris.fr, rubrique parcs et jardins.
- Éric Prédine, Frédéric Lisak, *Mon jardin de poche*, éd. Plume de Carotte, 2008.

Jardins et handicap/Hortithérapie

- Le Cahier des jardins Rhône-Alpes n° 4, *Jardins, jardinage et handicap,* URCAUE Rhône-Alpes, 2003.
- Charles Gardou, *Fragments sur le handicap et la vulnérabilité*, éd. Erès, collection Connaissance de l'éducation, 2005.
- *Vivons Ensemble la cité*, outil pédagogique sur DVD, édité par la Région Rhône-Alpes, 2006.
- Le Jardin dans tous ses états, *Jardinons ensemble : histoires de jardins et aménagements techniques*, 8 fiches pratiques, 2006, téléchargeable sur www.jardinons.com
- Le Jardin dans tous ses états Rhône-Alpes/ARIMC de Meyzieu, *Jardinons ensemble, dans le tomatier des rêves*, DVD 13 minutes, 2006.
- Anne Ribes, *Toucher la terre – Jardiner avec ceux qui souffrent*, éd. Médicis, 2005.

Jardins à l'étranger

- Nathalie Bouvier et Gilles Sénécal, "Les jardins communautaires de Montréal : des espaces urbains ambigus" in *Cultures et modes de vie,* Loisir et Société, vol. 24, n° 2, 2001, disponible en ligne http://www.erudit.org/revue/ls/2001/v24/n2/index.html
- Ronan Hervouet, *Datcha Blues, existences ordinaires et dictature en Biélorussie*, éd. Aux lieux d'être, Montreuil, 2007.
- Patricia Hynes, *A Patch of Eden, America's Inner-City Gardeners*, éd. Chelsea Green Publishing Company, Vermont, 1996.
- André Pedneault, Roll Grenier, *Créer un jardin communautaire - L'aménager, le gérer, l'animer*, éd. Mouvement pour l'agriculture biologique, Ville de Montréal, 1996, www.ville.montreal.qc.ca/jardinscommunautaires
- Harry Wiland, Dale Bell, *Edens Lost and Found,* éd. Chelsea Green Publishing Company, Vermont, 2006.

Webographie

- Blog de JPP Le Jardinier, http://jpp.lejardinier.free.fr
- Blog Jardins Partagés, *http://jardins.wordpress.com*
- *Du jardin ouvrier au jardin partagé : un rôle social et environnemental,* Institut National du Patrimoine, Bibliothèque Numérique, dossier n° 4, novembre 2007, www.inp.fr/patrimoines_en_ligne/bibliotheque-numerique/
- Programme Autoproduction et Développement Social, www.padesautoproduction.org

Listes des contributeurs

Camille Bégin : étudiante en doctorat à l'université de Toronto au Canada, spécialiste de l'histoire culturelle des États-Unis. Son travail porte notamment sur la puissance du mythe agrarien aux États Unis et sur ses occurrences contemporaines, comme le mouvement des jardins partagés.

Claudine Raillard : jardinière indépendante à Nantes, à l'origine du Jardin Nomade (Paris 11e) qui a été porté par l'Association du Quartier Saint-Bernard, dont elle était membre.

Olivier Pinalie : artiste plasticien, auteur de *Un dimanche de la vie : la révolution espagnole 1936-1939*, Editions du Monde Libertaire, 2006. À l'origine du Jardin Solidaire (Paris 20e).

Sonia Braham : ethno-écologue, chargée de mission pour l'élu chargé de la vie associative à la mairie du 11e arrondissement de Paris. Membre de l'association Graine de Jardins.

Antoine Cassard : chargé de projets environnement à la Ville de Paris, dont la coordination du programme municipal des jardins partagés Main Verte. Administrateur du réseau national d'éducation à l'environnement Ecole et Nature.

Béatrice Charre : animatrice du réseau le Jardin dans tous ses états (JTSE) Rhône-Alpes. Chargée de mission à l'association Le Passe-Jardins, Lyon.

Gilles Roux : ingénieur agronome planétaire. Jardinier d'utopies urbaines. Président du jardin partagé Le Poireau agile (Paris 10e).

Vincent Larbey : directeur de l'Ecolothèque de Montpellier Agglomération ; responsable de l'association Etat des Lieux (Montpellier), qui regroupe plasticiens, ethno-botanistes et jardiniers ; membre du réseau Le Jardin Dans Tous Ses Etats. Rédige actuellement un doctorat de sociologie sur l'imaginaire et le symbolique au jardin à l'université Paul-Valéry (Montpellier 3).

Françoise Dubost : sociologue, directrice de recherche au CNRS, auteur de *Vert Patrimoine,* éditions de la Maison des Sciences de l'Homme, 1994, et des *Jardins ordinaires*, l'Harmattan, 1997. Membre de Graine de Jardins et de l'association des Jardiniers du 3e arrondissement de Paris.

Nora Herman : artiste argentine (peintre, sculptrice, graveure, auteure de films d'animation... : http://perso.orange.fr/nora.herman/) installée à Paris, aimant les plantes et la nature, auteure de *Forêt de Poche*, édition de l'Inventaire, 2006,... *et l'origine était l'eau*, édition d'Ecarts, 2003, *Les terres de l'en deçà*, éditions Tiempo, 2003. Jardine au jardin partagé Crimée Thionville (Paris 19e).

Nathalie Daclon : auteure d'un mémoire de sociologie urbaine sur les jardins communautaires de Montréal. Chargée de mission sur les questions d'environnement et en particulier sur les jardins partagés à la mairie du 19e arrondissement de Paris. Membre de l'association Graine de Jardins.

Déjà parus aux Éditions Terre vivante

Jardinier bio, c'est facile
Collectif

Le guide du jardinage biologique
Jean-Paul Thorez

Pucerons, mildiou, limaces…
Prévenir, identifier, soigner bio
Jean-Paul Thorez

Coccinelles, primevères, mésanges…
La nature au service du jardin
Denis Pépin et Georges Chauvin

Jardin de fleurs, jardin bio
Brigitte Lapouge-Déjean

Le guide malin de l'eau au jardin
Écologie et économie
Jean-Paul Thorez

Une mare naturelle dans votre jardin
Hartmut Wilke

Les nouveaux espaces de jeux naturels
Construire en saule vivant et en bois
Richard Wagner

Habitat plume
Mobile, léger, écologique
Christian La Grange

Cabanons à vivre
Rêveries, écologie et conseils pratiques
Christian La Grange

Livre intégralement fabriqué en région Rhône-Alpes, avec des encres à base d'huiles végétales, sur du papier recyclé à 100%, issu de la collecte sélective des ménages. L'imprimerie adopte une démarche environnementale progressiste certifiée par la marque Imprim'vert.

Achevé d'imprimer en France par Loire Offset Titoulet – 42000 Saint-Etienne - N° 39980
Dépôt légal : octobre 2008